Sacré-Cœur

MONTMARTRE Gare du Nord

Gare de l'Est

La Villette

Parc des Buttes-Chaumont

Canal St-Martin

Place de la République

Musée du Louvre

Forum des Halles

Centre Georges Pompidou

Cimetière du Père-Lachaise

Notre-Dame

Ile de la Cité

QUARTIER DU MARAIS

Bd. St-Germain

Sorbonne

Ile St-Louis   Bd. Henri IV

Opéra Bastille

Bd. Diderot

Place de la Nation

Panthéon

Institut du Monde Arabe

Jardin des Plantes

Gare de Lyon

Ministère des Finances

QUARTIER LATIN

Bd. du Montparnasse

Gare d'Austerlitz

Palais Omnisport de Paris-Bercy

Place d'Italie

Bibliothèque Nationale

Bois de Vincennes

Parc Montsouris

Seine

rsitaire

ROMAN-FLEUVE

Tadanobu KANAZAWA

François MORLIÈRE

SURUGADAI-SHUPPANSHA

- 本書の音声は駿河台出版社ホームページ下記サイトから無料でダウンロードできます．
- 検索で日本語書名を入れ検索するか，下記 URL を入力して音声をダウンロードしてください．

http://www.e-surugadai.com/books/isbn978-4-411-01131-2

表紙装画・本文イラスト：モーリエール 瞳
写真：金澤忠信, Sumiyo IDA, Adobe Stock, Wikimedia
装丁・本文デザイン：小熊 未央

はじめに

　この教科書の特徴は，フランス語の学習を進めるうえで，十分な説明がないままいきなり難解な語句が出てくることがなく，各課の会話文，例文，練習問題が，その課で取りあげられる文法項目や語彙・表現のみで構成されていることです．たとえば，**je m'appelle ～ , s'il vous plaît, je voudrais ～** などは，たしかに日常会話では頻繁に使われる表現ではありますが，いざ文法的にきちんと説明しようとすると，意外に難しいことがわかります．特にフランス語初学者にとっては，なんのことかさっぱりわからないはずです．このような事情を踏まえ，この教科書では，それぞれの課で学ぶ文法・語彙・表現を，その課で確認し，練習できる仕組みになっています．まだ習っていない文法事項が前倒しでいきなり出てくることはありませんし，「これは後の課で」というような説明の先送りもありません．そうして，14ある課を順番に進んでゆくと，無理なく，「流れるように」，フランス語の初歩を学べるようになっています．

　また，この教科書はフランス語を第2外国語として学ぶ人を対象としています．日本では英語を第1外国語として学ぶ人が多いという事情がありますので，特に，日本語に訳して解釈するよりも英語でぴったりあてはまるものがある場合は，英語と比較するかたちで説明しています．

　いくつかの課で，「文法（**Grammaire**）」の後に「補足（**Complément**）」があります．これは文字どおり補足説明で，はじめのうちはあまりこだわらなくてもよいかもしれません．学習者のレベルやモチベーション，習熟度などに応じて，適宜参考にしてください．とりあえず目を通しておいて，ある程度学習が進んだところでまた戻って復習してもよいでしょう．

　各課末尾のコラムでは，フランスの4大河川，一部ドイツとの国境にもなっているライン川，そしてそれらの川が流れつく先の海にほど近いいくつかの町を取りあげて，それぞれの町の特徴，名所，歴史などをごく簡単に紹介しています．

　この教科書でフランス語の初歩を学び，フランスの川のほとりや海辺にある町のことを少し知って，フランスへの旅情がかきたてられたり，フランス語の学習を続け，ひいてはフランス語圏に留学してみたいという学習者がいたら，著者としてはこのうえない歓びです．

著　者

Sommaire

Leçon 0 — Alphabet ／綴り字記号／綴り字と発音 … 5

Leçon 1 — Bonjour ! … 7
1. 主語人称代名詞　2. 動詞 être の直説法現在形　3. 形容詞(1)　4. 名詞の性・数 … 8

Leçon 2 — Qu'est-ce que c'est ? … 11
1. 疑問代名詞 quoi / qu'est-ce que　2. 不定冠詞　3. 定冠詞 … 12
4. 前置詞 de　5. 形容詞(2)

Leçon 3 — Tu as des frères et sœurs ? … 15
1. 動詞 avoir の直説法現在形　2. 指示形容詞　3. 疑問形容詞 quel … 16
4. 前置詞 à　5. 人称代名詞強勢形

Leçon 4 — Je ne parle pas japonais ! … 19
1. 第1群規則動詞の直説法現在形　2. 否定文　3. 疑問副詞 où　4. 疑問文 … 20

Leçon 5 — Où est-ce que tu vas ? … 23
1. 動詞 aller と venir の直説法現在形　2. 前置詞 à・de と定冠詞の縮約 … 24
3. 疑問副詞 comment

Leçon 6 — À la gare de Lyon … 27
1. 命令法　2. 所有形容詞　3. 第2群規則動詞の直説法現在形 … 28

Leçon 7 — À la plage … 31
1. 補語人称代名詞　2. 疑問代名詞 qui　3. 疑問副詞 quand と pourquoi　4. 中性代名詞 y … 32

Leçon 8 — Dans un petit magasin … 35
1. 代名動詞の直説法現在形　2. 部分冠詞　3. 中性代名詞 en　4. 疑問副詞 combien … 36

Leçon 9 — Dans un café … 39
1. 直説法複合過去　2. 否定のヴァリエーション … 40

Leçon 10 — Dans mon enfance … 43
1. 直説法半過去（未完了）　2. 関係代名詞 qui, que　3. 接続詞 que (qu') … 44

Leçon 11 — Demain soir … 47
1. 直説法単純未来　2. 受動態　3. 中性代名詞 le … 48

Leçon 12 — Dans une boulangerie … 51
1. 指示代名詞　2. 比較級　3. 最上級　4. 所有代名詞 … 52

Leçon 13 — Si j'étais riche … 55
1. 条件法現在　2. 現在分詞とジェロンディフ … 56

Leçon 14 — C'est dommage ! … 59
1. 接続法現在　2. 関係代名詞 où と dont　3. 強調構文 … 60

Leçon 0

Alphabet

　　　　母音字　　　　　　子音字

A	**a**	[a]	**B**	**b**	[be]	**C**	**c**	[se]	**D**	**d**	[de]
E	**e**	[ə]	**F**	**f**	[ɛf]	**G**	**g**	[ʒe]	**H**	**h**	[aʃ]
I	**i**	[i]	**J**	**j**	[ʒi]	**K**	**k**	[kɑ]	**L**	**l**	[ɛl]
M	**m**	[ɛm]	**N**	**n**	[ɛn]	**O**	**o**	[o]	**P**	**p**	[pe]
Q	**q**	[ky]	**R**	**r**	[ɛr]	**S**	**s**	[ɛs]	**T**	**t**	[te]
U	**u**	[y]	**V**	**v**	[ve]	**W**	**w**	[dublǝve]	**X**	**x**	[iks]
Y	**y**	[igrɛk]	**Z**	**z**	[zɛd]						

- 使う文字は英語と同じです．
- kとwは基本的に外来語にしか用いません．
- wは「二重のv」（英語は「二重のu」）です．
- yは「ギリシア語のy [i]」です．

綴り字記号

´	accent aigu	é
`	accent grave	à, è, ù
^	accent circonflexe	â, ê, î, ô, û
¸	cédille	ç
¨	tréma	ë, ï, ü
'	apostrophe	
-	trait d'union	

綴り字と発音

● 単母音字

a	[a / ɑ]	à	[a]	â	[ɑ]
e	[ə / e / ɛ]	é	[e]	è, ê	[ɛ]
i, î, y	[i]	o, ô	[ɔ / o]	u, û	[y]

● 複母音字

ai, ei	[ɛ]	au, eau	[ɔ / o]	eu, œu	[ø / œ]
oi	[wa]	ou	[u]		

● 鼻母音

an, am, en, em	[ɑ̃]
in, im, yn, ym, ain, aim, ein, eim	[ɛ̃]
on, om	[ɔ̃]
un, um	[œ̃] ([ɛ̃])

● 半母音

il, ill	[j / ij]

● 子音字

c	[k]	ca, co, cu	[s]	ce, ci, cy, ça, ço, çu	
g	[g]	ga, go, gu	[ʒ]	ge, gi, gy	
s	[s]	s-, -ss-, etc.	[z]	母音字 -s- 母音字	

b	[b]	d	[d]	f	[f]	j	[ʒ]	k	[k]
l	[l]	m	[m]	n	[n]	p	[p]	q	[k]
r	[r]	t	[t]	v	[v]	x	[ks / gz]	z	[z]
ch	[ʃ]	gn	[ɲ]	ph	[f]	th	[t]		

● h には無音／有音の区別があります．無音の h で始まる語は母音で始まる語と同様の扱いをし，有音の h で始まる語は子音で始まる語と同様の扱いをします．いずれにしても実際には発音しません．

※本書では有音の h を扱っていません．

Bonjour !

Nicolas : Bonjour. Je suis Nicolas.
Je suis étudiant.

Megumi : Bonjour, Nicolas.
Je suis Megumi.
Je suis étudiante.

Nicolas : Vous êtes japonaise ?

Megumi : Oui, je suis japonaise.
Vous êtes français ?

Nicolas : Oui, je suis français.

Nicolas : Voici Sara et voilà Paul. Ils sont étudiants.

Megumi : Ils sont américains ?

Nicolas : Non. Sara est italienne. Paul est allemand.
Ils sont européens.

Grammaire

005 1 主語人称代名詞

- 文章中で主語になる代名詞です．
- 2人称・単数の tu は家族や友人など，親しい人に対して用います．初対面の人や目上の人などに対しては，1人であっても複数形の vous を用います．
- 3人称の il / ils は男性名詞，elle / elles は女性名詞を受け，人の場合はそれぞれ「彼は／彼らは」，「彼女は／彼女らは」，物の場合は「それは／それらは」を意味します．

		単数	複数
1人称		**je**	**nous**
2人称		**tu**	**vous**
3人称	男	**il**	**ils**
	女	**elle**	**elles**

006 2 動詞 être の直説法現在形

- 「〜である」や「いる／ある」を意味する不規則動詞です．英語の "be 動詞" にあたります．

être		単数	複数
1人称		je **suis**	nous **sommes**
2人称		tu **es**	vous‿**êtes**
3人称	男	il‿**est**	ils **sont**
	女	elle‿**est**	elles **sont**

007 3 形容詞 (1)

- フランス語の形容詞は，修飾する名詞の性・数に一致させて用います．男性・単数を基準にすると，原則的に女性には -**e** を，複数には -**s** を付けます．
  ※複数で，男性と女性両方いる場合は男性・複数形を用います．

	男性	女性
単数	allemand	allemand**e**
複数	allemand**s**	allemand**es**

- 国籍を表す形容詞のなかには，français, japonais など，男性・単数に最初から -s が付いているものがあります．この場合，男性の単数と複数は同じ形になります．

	男性	女性
単数	françai**s**	françai**se**
複数	françai**s**	françai**ses**

- italien / italien**ne** のように女性形が -ne になるものがあります．

	男性	女性
単数	italien	italien**ne**
複数	italien**s**	italien**nes**

008 4 名詞の性・数

- フランス語の名詞には男性名詞と女性名詞があり，父／母，兄弟／姉妹のような自然の性別にもとづいているものと，たんに文法的に決まっているものがあります．

  Ex. 男性名詞：単 père 複 père**s**　単 frère 複 frère**s**　単 livre 複 livre**s**　単 hôtel 複 hôtel**s**
  女性名詞：単 mère 複 mère**s**　単 sœur 複 sœur**s**　単 table 複 table**s**　単 école 複 école**s**

- 人を表す名詞で，男性・女性両方ある場合は，形容詞と同じような形になります．

	男性	女性
単数	étudiant	étudian**te**
複数	étudiant**s**	étudian**tes**

Leçon 1

Complément

1 文字と発音

- Nicolas は［ニコラス］ではなく［ニコラ］です．フランス語は基本的に語末の子音を発音しません．ただし，bonjour など，発音するものもあります．
- il‿est［イレ］，elle‿est［エレ］など，もともと発音される語末の子音とすぐ後ろの語の母音とをつなげて発音することをアンシェヌマン（enchaînement）と言います．
- vous‿êtes［ヴゼットゥ］など，もともと発音されない語末の子音とすぐ後ろの語の母音とをつなげて発音することをリエゾン（liaison）と言います．
- français の ç は c に ≪ ¸ ≫「セディーユ（cédille）」という記号が付いたものです．c は［k］と［s］の二通りの発音がありますが，セデューユが付くと必ず［s］と発音します．

2 2人称について

- 2人称・単数の tu を「親称」と言います．初対面の人や目上の人に対して用いる vous は「敬称」です．vous には，①敬称・単数（vous × 1 = vous），②親称・複数（tu + tu +… = vous），③敬称・複数（vous + vous +… = vous）の3つの場合があります．

3 疑問文

- フランス語は，主語と動詞を倒置しなくても，文末でイントネーションを上げると疑問文になります．

Expressions / Vocabulaire

009
- **Bonjour ! / Bonsoir ! / Salut !**
- **voici 〜 / voilà 〜**

	男性	女性
単数	américain	américaine
複数	américains	américaines

	男性	女性
単数	espagnol	espagnole
複数	espagnols	espagnoles

※発音はいずれも［エスパニョール］．

	男性	女性
単数	japonais	japonaise
複数	japonais	japonaises

	男性	女性
単数	européen	européenne
複数	européens	européennes

	男性	女性
単数	ami	amie
複数	amis	amies

※発音はいずれも［アミ］．

Ex. Nous sommes amis.
　　Elles sont amies.

Exercices

◆ 質問に oui で答えましょう．

1) Tu es française ?　　　— Oui, ...
2) Tu es canadien ?　　　— Oui, ...
3) Vous êtes espagnol ?　— Oui, ...
4) Vous êtes anglaises ?　— Oui, ...
5) Vous êtes américains ?　— Oui, ...
6) Il est chinois ?　　　　— Oui, ...
7) Elle est japonaise ?　　— Oui, ...
8) Elles sont coréennes ?　— Oui, ...

La Seine —Paris

《セーヌ川》パリ

セーヌ川はフランスで2番目に長い川で，首都パリを貫いて流れています．パリには2017年1月の時点で200万人以上の人が住んでいます．「光の都」とも言われ，年間2,000万人もの観光客が訪れる世界有数の観光都市です．凱旋門，エッフェル塔，トロカデロ広場，ルーヴル美術館など，魅力的な観光スポットが数多くあります．

ルーヴル美術館

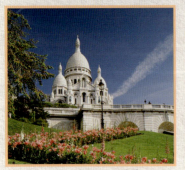

モンマルトルのサクレクール寺院

サント・シャペル

セーヌ川とエッフェル塔

Leçon 2

Qu'est-ce que c'est ?

Megumi : Qu'est-ce que c'est ?
C'est un livre ?

Nicolas : Oui, c'est un livre intéressant.
C'est le livre de Sara.

Megumi : C'est quoi ?

Nicolas : C'est une petite table ronde.
C'est la table de Paul.

Megumi : Ce sont des pommes ?

Nicolas : Non, ce sont des fleurs rouges.

Megumi : Elles sont très jolies.

Megumi : C'est un musée ou un hôpital ?

Nicolas : C'est une université.

Megumi : C'est vrai ?

Nicolas : Oui. C'est l'université de Paul.

Grammaire

1 疑問代名詞 quoi / qu'est-ce que

- 「何？」を尋ねる疑問詞です．英語の"what"にあたります．
- qu'est-ce que はとりあえずひとまとまりで覚えてください．母音で始まる語が続く場合は qu'est-ce qu' になります．

2 不定冠詞

- 名詞に不定冠詞を付けるとき，その名詞の性・数に一致したものを選ぶ必要があります．

un garçon　　une fille　　un étudiant　　une étudiante
des garçons　des filles　des étudiants　des étudiantes

	男性	女性
単数	un	une
複数	des	des

3 定冠詞

- 定冠詞も付く名詞の性・数に一致させて用います．すぐ後に母音あるいは無音の h で始まる語が来る場合，単数ではエリジョン（l'），複数ではリエゾンします．

le stylo　　l'hôtel　　la chaise　　l'adresse
les stylos　les hôtels　les chaises　les adresses

	男性	女性
単数	le (l')	la (l')
複数	les	les

4 前置詞 de

- de は前置詞で，英語の "of"「～の」あるいは "from"「～から」にあたります．

5 形容詞 (2)

- 名詞を修飾する形容詞は原則としてその名詞の後に置きます．ただし，grand, petit, bon, beau, joli, jeune, nouveau, vieux のように日常的によく使われるいくつかの形容詞は名詞の前に置きます．

	男性	女性
単数	intéressant	intéressante
複数	intéressants	intéressantes

	男性	女性
単数	grand	grande
複数	grands	grandes

	男性	女性
単数	bon	bonne
複数	bons	bonnes

un examen facile　　un grand chien　　des films intéressants　　un petit sac noir
une question difficile　une bonne idée　des chansons françaises　une jolie robe bleue

Complément

1 文字と発音

● l'appartement (← le appartement) などのように，母音の連続を避けるために前の語の語末母音を省略することをエリジョン (élision) と言います．省略した箇所にはアポストロフ (') を置き，あいだを空けずに書きます．

2 指示代名詞 ce

●「それ（これ・あれ）」を意味し，人にも物にも用います．ce 自体に性・数の区別はありません．ただし，C'est ～ の文型で形容詞を用いる場合は男性・単数形にします．

Qu'est-ce que c'est ? — **C'est** un vélo. **C'est** le vélo de Martin.

Qu'est-ce que c'est ? — **Ce sont** des montres. **Ce sont** les montres de Brigitte.

C'est joli. / **C'est** important.

3 形容詞について

● beau は，男性・単数で母音または無音の h で始まる語が後に来る場合，第二形 bel を用います．nouveau (nouvel)，vieux (vieil) も同様です．

	男性	女性
単数	beau (**bel**)	bel**le**
複数	beau**x**	bel**les**

un **bel**‿homme　　　le **nouvel**‿appartement　　　un **vieil** hôtel

● 複数の不定冠詞 des と名詞のあいだに形容詞が入る場合，des は de になります．

des chiens → **de** grands chiens　　　des‿écoles → **de** vieilles‿écoles

| **un**‿ami | **une**‿amie | **l'**étudiant | **l'**étudiante |
| **des**‿amis | **des**‿amies | **les**‿étudiants | **les**‿étudiantes |

| **un** Français | **une** Française | **le** Parisien | **la** Parisien**ne** |
| **des** Français | **des** Françaises | **les** Parisiens | **les** Parisien**nes** |

※小文字で書き始めると形容詞ですが，大文字だと名詞扱いになります．

● 複数形が -s ではない名詞もあります．

un gâteau / des gâteau**x**　　　un cheveu / des cheveu**x**　　　un‿hôpit**al** / des‿hôpit**aux**

Exercices

I ( ) に適切な不定冠詞，_____ に定冠詞を書きましょう．

1) C'est ( ) piano. C'est _____ piano de Céline.
2) C'est ( ) grande maison. C'est _____ maison d'Hélène.
3) C'est ( ) appartement. C'est _____ appartement de Denis.
4) Ce sont ( ) sacs noirs. Ce sont _____ sacs de Sabine.

II ( ) の形容詞を適切な形にして _____ に書きましょう．

1) C'est une cravate _____. (vert)
   — Elle est _____ ! (joli)
2) Ce sont des professeurs _____. (américain)
   — Ils sont très _____. (jeune)
3) Ce sont de _____ tables. (grand)
   — Elles sont _____. (lourd)
4) C'est une _____ étudiante. (bon)
   — Elle est _____. (gentil)

La Seine —Dijon

《セーヌ川》ディジョン

セーヌ川の源流はディジョンの近くに端を発しています．ディジョンはブルゴーニュ・フランシュ・コンテ地方の小さな町で，パリの南東300kmに位置しています．美食の町として知られ，特にディジョン・マスタードやクレーム・ド・カシスが有名です．ブルゴーニュはワインの一大産地でもあります．

旧ブルゴーニュ公宮殿

Leçon 3

Tu as des frères et sœurs ?

Nicolas : Tu as des frères et sœurs ?
Megumi : J'ai un petit frère. Et toi ?
Nicolas : Moi, j'ai une grande sœur.
Megumi : Elle a quel âge ?
Nicolas : Elle a vingt ans.
Megumi : Elle est à Paris ?
Nicolas : Oui. Ah, elle a une voiture japonaise !

Megumi : Il est quelle heure ?
Nicolas : Il est dix heures.
Megumi : Il y a un cours à onze heures.
Nicolas : Salut ! Bonne journée !

Grammaire

1 動詞 avoir の直説法現在形

avoir	単数	複数
1人称	j'ai	nous‿avons
2人称	tu as	vous‿avez
3人称 男	il‿a	ils‿ont
女	elle‿a	elles‿ont

● 「〜を持っている」を意味する不規則動詞です．英語の "have" にあたります．

2 指示形容詞

● 「この・その・あの〜」を表します．

ce magasin　　cet‿arbre　　cette chambre　　cette‿école
ces villages　ces‿hôpitaux　ces dames　　ces‿étudiantes

	男性	女性
単数	ce (cet)	cette
複数	ces	ces

3 疑問形容詞 quel

● 「どの〜，どのような〜」を表します．女性形は l を 2 つ重ねます．

Tu as quel âge ? — J'ai dix-huit ans.
Quelle est cette fleur ? — C'est une rose.

	男性	女性
単数	quel	quelle
複数	quels	quelles

4 前置詞 à

● à は de と同様非常によく用いられる前置詞です．英語でぴったり一致するものはありませんが，場合によって "at, in, on, to"「〜に，〜で，〜へ」などにあたります．

Ils sont à Tokyo.　　Il y a un concert à neuf heures.　　Ce cahier est à moi.

5 人称代名詞強勢形

● 強勢形の用法

1) 主語の強調

　Moi, je suis japonaise. Lui, il est français.

2) c'est の後で属詞として

　Ah, c'est toi, Céline ! — Oui, c'est moi.

3) 前置詞の後で

　Nous avons rendez-vous avec elle.

	単数	複数
1人称	moi	nous
2人称	toi	vous
3人称 男	lui	eux
女	elle	elles

Leçon 3

Expressions / Vocabulaire

- **Bonne journée ! / Bon après-midi ! / Bonne soirée ! / Bonne nuit !**

- 数詞（1〜20）

1 un (une)	2 deux	3 trois	4 quatre	5 cinq
6 six	7 sept	8 huit	9 neuf	10 dix
11 onze	12 douze	13 treize	14 quatorze	15 quinze
16 seize	17 dix-sept	18 dix-huit	19 dix-neuf	20 vingt

- **Il est une heure. / Il est deux heures. / Il est quinze heures.**

- **il y a 〜**

   Dans cette université, il y a des étudiants de différents pays.

- **avoir faim / avoir soif**

   Tu as faim ? — Non, mais j'ai soif.

- **avoir chaud / avoir froid**

   Vous avez chaud ? — Non, j'ai froid.

- **avoir raison / avoir tort**

   Lui, il a tort. Moi, j'ai raison.

- **avoir besoin de 〜 / avoir peur (de 〜)**

   Nous avons besoin de vous. / Elle a peur de ce grand chien.

- 前置詞 **avec / chez / dans**

   Il est toujours gentil avec moi.　　　（avec "with"）
   Nous avons deux chats chez nous.　　（chez ※フランス語特有の前置詞）
   Il y a quatre arbres dans le jardin.　（dans "in"）

Exercices

◆ I　avoir を直説法現在形に活用させて（　）に入れましょう．

1) Tu (　　　　　) un chat ou un chien ?
2) Nous (　　　　　) trois cours aujourd'hui.
3) Elle (　　　　　) les cheveux courts.
4) Vous (　　　　　) besoin de moi ?
5) Ils (　　　　　) deux enfants.
6) J'(　　　　　) très faim.
7) Il y (　　　　　) des légumes dans le frigo.
8) Sara et Paul (　　　　　) le même âge.

II （　）に疑問形容詞 quel を，_____ に指示形容詞 ce を適切な形にして入れましょう．

1) La voiture d'Éric, c'est (　　　　) voiture ? — C'est _____ voiture.
2) Elles ont (　　　　) âge, _____ filles ? — Elles ont dix-neuf ans.
3) Il y a (　　　　) fruits dans _____ sacs ? — Des pommes et des oranges.
4) Il est (　　　　) heure ?
    — Il est sept heures. Ah, j'ai rendez-vous avec Léo _____ soir !
5) (　　　　) est le nom de _____ homme ? — Lui ? C'est Gilles.
6) (　　　　) sont _____ fleurs ? — Ce sont des roses.

III _____ に適切な人称代名詞強勢形を書きましょう．

1) _____, je suis japonaise. Et _____, tu es français ?
2) Ils ont deux chats chez _____ . ※主語と同じ人称に．
3) Nous sommes gentils avec _____ .
    Et _____ aussi, elles sont gentilles avec _____ .
4) Cette maison est à _____ . — C'est vrai ? Il a une grande maison !

La Seine — Rouen

《セーヌ川》ルーアン

ヴュー・マルシェ広場

聖ジャンヌ・ダルク教会

ルーアンはセーヌ川下流，フランス西部ノルマンディー地方の中心都市です．百年戦争で活躍したジャンヌ・ダルクは 1431 年にこの町で火刑に処せられました．印象派の巨匠クロード・モネ (1840-1926) は，ゴシック建築の代表とも言うべきルーアン大聖堂を何度も描き，連作にしています．ヴュー・マルシェ広場に 1979 年に建てられた聖ジャンヌ・ダルク教会はモダンな形が特徴で，内部には第二次大戦の戦火を逃れたステンドグラスが使われています．

Leçon 4

Je ne parle pas japonais !

Megumi : Est-ce que tu parles japonais ?
Nicolas : Non, je ne parle pas japonais.
Megumi : Quelles langues parles-tu ?
Nicolas : Je parle un peu anglais.
Je regarde la télévision anglaise de temps en temps.

Megumi : Qu'est-ce que tu aimes ?
Nicolas : J'aime le cinéma français et la musique allemande.
Et toi ?
Megumi : Moi, j'aime beaucoup le cinéma américain et la musique espagnole.

Nicolas : Tu habites ici ?
Megumi : Oui, j'habite ici, à Paris. Et toi, tu habites où ?
Nicolas : J'habite à Rouen.
C'est une vieille ville de Normandie.
Megumi : Qu'est-ce qu'il y a là-bas, à Rouen ?
Nicolas : Il y a la Seine et un grand château avec un jardin.

Grammaire

1　第 1 群規則動詞の直説法現在形

● 不定詞の語尾が -er なので，-er 動詞とも言います．このグループに属する動詞は活用語尾が共通しています．

parl**er**	単数	複数
1 人称	je parl**e**	nous parl**ons**
2 人称	tu parl**es**	vous parl**ez**
3 人称 男	il parl**e**	ils parl**ent**
女	elle parl**e**	elles parl**ent**

aim**er**	単数	複数
1 人称	j'aim**e**	nous‿aim**ons**
2 人称	tu aim**es**	vous‿aim**ez**
3 人称 男	il‿aim**e**	ils‿aim**ent**
女	elle‿aim**e**	elles‿aim**ent**

2　否定文

● 動詞を **ne** と **pas** ではさみます．動詞の語頭が母音または無音の h の場合はエリジョンして n' になります．

Je ne danse pas bien.　　　　　　Elles ne sont pas japonaises.
Paul n'aime pas les films américains.　　Ils n'habitent pas à Paris.

3　疑問副詞 où

● 場所を尋ねる疑問詞です．英語の "where" にあたります．

Vous êtes où maintenant ? — Nous sommes chez Nicolas.

4　疑問文

● 疑問文には 3 つのパターンがあります．疑問詞がある場合も基本的には同じです．

1) 平叙文の語順のままで，文末のイントネーションを上げる．

　　Vous parlez anglais ? [↗]　　　Tu habites où ? [↗]

2) 文頭（あるいは疑問詞の後）に est-ce que を付ける（母音が続く場合は est-ce qu'）．

　　Est-ce que vous aimez la musique ?　　Où **est-ce qu'**elle habite ?

3) 主語と動詞を倒置し，トレデュニオン（ハイフン）でつなぐ．

　　Est-il français ?　　　　　　　　Quel âge **as-tu** ?

　　※母音が連続する場合は -t- をはさむ．
　　A-**t**-il un chien ou un chat ?（← **A-il**... ← Il a...）

Leçon 4

Complément

033 ● 疑問文に否定が入っている場合,「～ではないですか？」という意味になりますが,「きっと～ですよね！」というニュアンスが付け加わることがあります．否定疑問に対して肯定の返答をする際は，oui ではなく si を用います．

Tu ne parles pas japonais ? — **Si**, je parle japonais. / Non, je ne parle pas japonais.

034 ## Expressions / Vocabulaire

● **ici / là / là-bas**

J'habite ici depuis longtemps.

Sara est là ? — Non, elle n'est pas là. Elle travaille dans la bibliothèque.

Tu as des amis à Lyon ? — Non, mais j'ai des cousins là-bas.

● **un peu (de ~) / beaucoup (de ~)**

Je suis un peu fatiguée.　　　　Il y a encore un peu de vin dans la bouteille.

Ils aiment beaucoup le sport.　　Elle a beaucoup de livres.

● **de temps en temps / souvent**

Nous visitons de temps en temps ce musée.

La mère de Paul marche souvent dans le parc.

Exercices

I （　）の動詞を直説法現在形に活用させて＿＿に書きましょう．

1) Les parents de Paul ne ＿＿＿＿ pas anglais.　　　　（parler）
   Mais lui, il ＿＿＿＿ anglais.

2) ＿＿＿＿-vous la télé ?　　　　（regarder）
   — Non, je ne ＿＿＿＿ pas la télé.

3) Est-ce que tu ＿＿＿＿ le fromage ?　　　　（aimer）
   — Non, je n'＿＿＿＿ pas le fromage.

4) Où ＿＿＿＿-vous ?　　　　（habiter）
   — Nous ＿＿＿＿ à Lyon.

5) Qu'est-ce que tu ＿＿＿＿ ?　　　　（étudier）
   — J'＿＿＿＿ l'histoire de France.

6) Megumi ＿＿＿＿ le petit déjeuner.　　　　（préparer）
   Sylvie et Nicolas ＿＿＿＿ le dîner.

Ⅱ 例にならって 3 種類の疑問文を作り，oui / non で答えましょう．

Ex. Tu chantes bien.

 (1) Tu chantes bien ?　　　　　　　　　　　　Oui, je chante bien.
 (2) Est-ce que tu chantes bien ?
 (3) Chantes-tu bien ?　　　　　　　　　　　　Non, je ne chante pas bien.

1) Tu aimes les chats.
 (1)
 (2)
 (3)

2) Vous travaillez ensemble.
 (1)
 (2)
 (3)

Mont Saint-Michel

モン・サン＝ミシェル

モン・サン＝ミシェルは，フランス西部，ノルマンディーとブルターニュの境界，サン・マロ湾にある小さな島です．潮の満ち引きの影響で，陸地と切り離されたり地続きになったりします．花崗岩質の島の上には，11 世紀に建設され，16 世紀まで増改築を繰り返した修道院がそびえています．1979 年にはユネスコ世界遺産に登録されました．「プラールおばさん」のオムレツが名物料理です．

モン・サン＝ミシェル

Leçon 5

Où est-ce que tu vas ?

Nicolas : Salut Céline ! Comment vas-tu ?
Céline : Je vais très bien, merci. Et toi ?
Nicolas : Moi aussi, je vais bien.

Céline : Cet été, j'ai trois semaines de vacances. Je suis contente.
Nicolas : Où est-ce que tu vas ?
Céline : Je vais à la campagne en juillet. Je vais visiter un village près de Lyon.
Nicolas : C'est bien !

Céline : Est-ce que tu viens avec Megumi ?
Nicolas : Non, elle vient de rentrer au Japon. Elle va revenir du Japon en août.

Grammaire

1　動詞 aller と venir の直説法現在形

aller ("go")	
je **vais**	nous **allons**
tu **vas**	vous **allez**
il **va**	ils **vont**
elle **va**	elles **vont**

venir ("come")	
je **viens**	nous **venons**
tu **viens**	vous **venez**
il **vient**	ils **viennent**
elle **vient**	elles **viennent**

Cf. devenir ("become"), revenir ("come back")

● aller, venir と不定詞を組み合わせた用法

aller ＋不定詞　「〜しに行く」	**venir** ＋不定詞　「〜しに来る」
aller ＋不定詞　→　近接未来	**venir** *de* ＋不定詞　→　近接過去

● 〈aller ＋不定詞〉「〜しに行く」は英語の "go to ＋不定詞"，〈venir ＋不定詞〉「〜しに来る」は "come to ＋不定詞" にあたります．

● 近接未来はごく近い未来において起こること（英語の "be going to ＋不定詞"），近接過去はごく近い過去において起こったこと（「〜したばかりである，ちょうど〜したところである」）を表します．
　Je vais visiter le musée du Louvre lundi.　　Ils viennent de retourner à Paris.

● 〈aller ＋不定詞〉が「〜しに行く」なのか近接未来なのかは文脈によります．
　Paul va chercher sa sœur à l'aéroport.　　Elle va aller en France dimanche prochain.

2　前置詞 à・de と定冠詞の縮約

à ＋	le (l')	la (l')	＝	au (à l')	à la (à l')
	les	les		aux	aux
de ＋	le (l')	la (l')	＝	du (de l')	de la (de l')
	les	les		des	des

Elle aime le café **au** lait.　　　　　　　　J'ai mal **aux** dents !
Quel est le nom **du** frère de Megumi ?　　Il étudie l'histoire **des** États-Unis.

3　疑問副詞 comment

● 「どうやって，どのような」を表す疑問詞です．英語の "how" にあたります．
　Vous allez à la gare comment ? — Nous allons à la gare en taxi / en bus / à vélo / à pied.
　Ils sont comment, les parents de Megumi ? — Ils sont très gentils.

Complément

040 ● 男性名詞の国へ行く場合は aller au (aux) 〜，女性名詞の国へ行く場合は aller en 〜（無冠詞）となります．同様に，男性名詞の国出身の場合は venir du (des) 〜，女性名詞の国出身の場合は venir de 〜（無冠詞）となります．

Nicolas va **au** Japon.　　Nous allons **aux** États-Unis.　　Vous allez **en** Suisse ou **en** Allemagne ?
Tu viens **du** Canada ?　　Je viens **des** États-Unis.
Lui, il vient **de** France et elle, elle vient **d'**Espagne.

Expressions / Vocabulaire

041 ● **Comment vas-tu ? / Comment allez-vous ?**
— **Je vais très bien, merci. Et toi ? / Et vous ?**

● **Quel jour (de la semaine) sommes-nous ?**
— **Nous sommes lundi / mardi / mercredi / jeudi / vendredi / samedi / dimanche.**

● **janvier / février / mars / avril / mai / juin / juillet / août / septembre / octobre / novembre / décembre**

042 ● **avoir mal à 〜**
J'ai mal à la tête / aux yeux / aux dents / à la gorge / au dos / au ventre / aux pieds.

● **près de 〜 / loin de 〜**
Est-ce qu'il y a un hôpital près du village ?
L'école d'Anne est loin de la gare.

● 不規則動詞　直説法現在形

partir ("leave, depart")		sortir ("go out")	
je pars	nous partons	je sors	nous sortons
tu pars	vous partez	tu sors	vous sortez
il part	ils partent	il sort	ils sortent
elle part	elles partent	elle sort	elles sortent

Exercices

1 （ ）の動詞を直説法現在形に活用させて_____に書きましょう．

1) Vous _____ à l'école comment ? — Nous _____ à l'école en bus.　(aller)
2) Céline, elle _____ du Canada. Moi, je _____ d'Italie.　(venir)
3) Vous _____ à quelle heure ? — Nous _____ à onze heures.　(partir)
4) Tu _____ ce soir ? — Non, je ne _____ pas.　(sortir)

II （ ）に適切な〈à + 定冠詞〉，または〈de + 定冠詞〉を入れましょう．

1) Il travaille dans la boutique (　　　) père de Sara.
2) Je vais (　　　) Japon ce week-end.
3) Jennifer et Mike viennent (　　　) États-Unis. （出身）
4) Ils vont (　　　) université en métro.

III 次の文を近接未来にしましょう．

Ex. Il regarde la télé ce soir. → Il va regarder la télé ce soir.
1) Tu vas en Angleterre ? →
2) Elles viennent demain. →
3) Je pars mercredi prochain. →

IV 次の文を近接過去にしましょう．

Ex. Ils parlent de l'examen. → Ils viennent de parler de l'examen.
1) Il sort du musée. →
2) Vous arrivez au restaurant ? →
3) Nous partons pour Londres. →

La Loire —Orléans

《ロワール川》オルレアン

ロワール川はフランスで最も長い川です．オルレアンはフランス中部，ロワール川中流域にある「芸術と歴史の町」です．Cosmetic Valley と言われるこの地域には多くの化粧品関連企業が存在します．百年戦争で 1429 年にこの町を解放したジャンヌ・ダルクは「オルレアンの乙女」とも呼ばれます．アメリカの New Orleans はもともと Nouvelle Orléans でした．

ロワール川，サント・クロワ大聖堂，ジョージ5世橋

ジャンヌ・ダルク像

Leçon 6

À la gare de Lyon

Sara : On achète quelque chose pour notre voyage. Qu'est-ce que tu prends ?

Nicolas : Je prends un pain au chocolat et un gâteau à la pomme. Et toi ?

Sara : Moi, je choisis un sandwich au fromage.

Nicolas : Sara, viens vite ! Le train va partir !

Sara : Mais je ne trouve pas mon billet !

Nicolas : Regarde ! Il est dans ton sac !

Sara : Merci ! Montons dans notre train.

Nicolas : Quel temps fait-il à Nice en ce moment ?

Sara : Il fait beau et chaud.

Nicolas : C'est parfait !

Grammaire

1 命令法

regarder	単数	複数
1人称	—	regardons
2人称	regarde	regardez

aller	単数	複数
1人称	—	allons
2人称	va	allez

- 命令文は，主語 (tu, vous, nous) を落として作ります．
- nous に対する命令は，英語では "let's ~, shall we ~" にあたります．
- 第1群規則動詞 (-er 動詞) や aller は，tu に対する命令で語尾の -s を落とします．

 tu regardes → **tu** regarde**s** tu vas → **tu** va**s**

 Regarde ces fleurs ! Ne regardez pas la télé. Chantons ensemble cette chanson.
 Ne va pas là-bas ! Montez vite dans le train ! Allons chez Nicolas en voiture.

2 所有形容詞

- 他の形容詞と同様，修飾する名詞の性・数に一致させて用います．

	男性	女性				
単数	mon	ma (mon)	notre	notre	"my"	"our"
複数	mes	mes	nos	nos		
単数	ton	ta (ton)	votre	votre	"your"	"your"
複数	tes	tes	vos	vos		
単数	son	sa (son)	leur	leur	"his / her / its"	"their"
複数	ses	ses	leurs	leurs		

※ ( ) は後ろに母音または無音の h が来る場合．

 mon père **tes** sœurs **son** école
 nos parents **votre** maison **leurs** chaussures

3 第2群規則動詞の直説法現在形

- 不定詞の語尾が -ir なので，-ir 動詞とも言います．複数で -iss- が出てくるのが特徴です．

fin**ir** ("finish")	
je fin**is**	nous fin**issons**
tu fin**is**	vous fin**issez**
il fin**it**	ils fin**issent**

chois**ir** ("choose")	
je chois**is**	nous chois**issons**
tu chois**is**	vous chois**issez**
il chois**it**	ils chois**issent**

Ex. grand**ir** ("grow"), réfléch**ir** ("reflect"), réuss**ir** ("succeed"), etc.

Leçon 6

Expressions/Vocabulaire

● **on** は形の上では 3 人称・単数ですが，意味的には不特定の人々を表したり，特に口語ではしばしば nous の意味で用いられます．

On parle anglais aux États-Unis.   On va au cinéma ? — C'est une bonne idée !

● 命令法

être	
—	soyons
sois	soyez

avoir	
—	ayons
aie	ayez

● 第 1 群規則動詞の活用に準ずる動詞　直説法現在形

acheter ("buy")	
j'achète	nous achetons
tu achètes	vous achetez
il achète	ils achètent

Ex. lever, promener

manger ("eat")	
je mange	nous mangeons
tu manges	vous mangez
il mange	ils mangent

Ex. nager, voyager

● 不規則動詞　直説法現在形

prendre ("take")	
je prends	nous prenons
tu prends	vous prenez
il prend	ils prennent

Ex. apprendre

J'apprends le français depuis trois mois.

faire ("do, make")	
je fais	nous faisons [fəzɔ̃]
tu fais	vous faites
il fait	ils font

Quel temps fait-il ?
— Il fait beau. / Il fait mauvais.
— Il pleut. / Il neige. (pleuvoir / neiger)
— Il fait très chaud. / Il fait un peu froid.

Exercices

I 主語と同じ人称の所有形容詞を（　）に入れましょう．

Ex. Je monte dans la voiture de (　　mon　　) père.

1) Elle achète un cadeau pour (　　　　) sœur.
2) Vous téléphonez souvent à (　　　　) clients ?
3) Ils aiment beaucoup (　　　　) chat.
4) Je finis (　　　　) devoirs avant midi.
5) Tu parles de (　　　　) école à tes parents ?
6) Nous sommes contents de (　　　　) voyage.

II （ ）の動詞を直説法現在形に活用させて＿＿に書きましょう．

1) Qu'est-ce que tu ＿＿＿＿＿＿＿＿＿？　　　　　　　　(acheter)
2) Nous ＿＿＿＿＿＿＿＿ la cuisine de temps en temps.　(faire)
3) Ils ＿＿＿＿＿＿＿＿ le travail à six heures.　　　　　(finir)
4) Vous ＿＿＿＿＿＿＿＿ quel pantalon ?　　　　　　　　(choisir)
5) Nous ＿＿＿＿＿＿＿＿ beaucoup de riz.　　　　　　　(manger)
6) On ＿＿＿＿＿＿＿＿ le bus ou le train ?　　　　　　　(prendre)

III 命令文にしましょう．

Ex. Vous regardez ce garçon. → Regardez ce garçon.
1) Nous réservons une chambre. → ＿＿＿＿＿＿＿＿
2) Tu fermes les yeux. → ＿＿＿＿＿＿＿＿
3) Vous ne parlez pas vite. → ＿＿＿＿＿＿＿＿
4) Tu vas dans ton lit. → ＿＿＿＿＿＿＿＿
5) Nous prenons le déjeuner. → ＿＿＿＿＿＿＿＿
6) Vous êtes gentils avec elles. → ＿＿＿＿＿＿＿＿

La Loire —Tours

《ロワール川》トゥール

トゥールへはパリから TGV で1時間あまりで行くことができます．この近くには，ブロワ城，シュノンソー城，アンボワーズ城，シャンボール城など，ルネサンス時代に歴代のフランス王も住んでいたという古城や，レオナルド・ダ・ヴィンチが最晩年を過ごした建物などが残されており，フランスの歴史を堪能することができます．

シュノンソー城

シャンボール城

Leçon 7

À la plage

Nicolas : La plage est belle. La mer est bleue et claire.
Sara : Oui. On peut voir les poissons.
Nicolas : Tu veux nager ?
Sara : Oui. Nageons ensemble.

Nicolas : Éric va venir. Tu le connais ?
Sara : Éric, c'est qui ? Je ne le connais pas.
Nicolas : C'est un de mes amis.
Je lui téléphone tous les jours.

Sara : Quand vient-il ?
Nicolas : Demain.
Sara : Pourquoi il ne vient pas aujourd'hui ?
Nicolas : Parce qu'il est au mariage de son frère.
Il y passe toute la journée.

Grammaire

052　1　補語人称代名詞

	主	直	間	主	直	間
1人称	je	me (m')	me (m')	nous	nous	nous
2人称	tu	te (t')	te (t')	vous	vous	vous
3人称 男	il	le (l')	lui	ils	les	leur
女	elle	la (l')	lui	elles	les	leur

※主＝主語，直＝直接目的補語，間＝間接目的補語

● 前置詞 à を介さずに動詞と直接結びつくのが直接目的補語，à をあいだにはさんで動詞と間接的に結びつくのが間接目的補語です．

● 補語人称代名詞は動詞の前に置きます．

Vous cherchez **Christine** ?　　　　— Oui, nous **la** cherchons.
Vous avez **ce livre** ?　　　　　　　— Non, je ne **l'**ai pas. (← **le** ai)
Tu téléphones **à Paul** ?　　　　　　— Oui, je **lui** téléphone.
Qu'est-ce que vous donnez **à vos parents** ?　— Je **leur** donne des fleurs.
Tu **me** prêtes ton stylo ?　　　　　— Bien sûr, je **te** prête mon stylo.

053　2　疑問代名詞 qui

● 「誰？」を尋ねる疑問詞です．英語の "who (whom)" にあたります．

● 主語，属詞，直接目的補語として用いられます．前置詞と組み合わせることもできます．

Qui va à Nice ? — Sara et moi.
C'est qui ? — C'est la mère d'Éric.
Tu cherches qui ? — Je cherche Paul.
Vous voyagez avec qui ? — Je voyage avec ma femme.

054　3　疑問副詞 quand と pourquoi

● quand は「いつ？」（時）を尋ねる疑問詞です．英語の "when" にあたります．

Tes parents vont venir quand ? — Ils vont venir après-demain.

● pourquoi は「なぜ？」（理由）を尋ねる疑問詞です．parce que で答えます．
英語の "why – because" の関係に相当します．

Pourquoi étudie-t-elle la musique ? — Parce qu'elle veut devenir pianiste.

055　4　中性代名詞 y

● y は前置詞 à, dans, en, sur などの付いた名詞（物・事）の代わりに用いられる代名詞です．
男性／女性の区別がないので中性代名詞と呼ばれます．動詞の前に置きます．

Elle habite **à Paris** ? — Oui, elle **y** habite.　　　Vous allez **en France** ? — Oui, j'**y** vais.

Leçon 7

Complément

056 ● 補語人称代名詞が2つある場合，優先順位は1人称・2人称・3人称です．
両方3人称なら，直接・間接の順です．

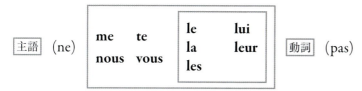

Megumi te présente son frère ? — Oui, elle me le présente.

Vous donnez cette montre à votre fils ? — Non, je ne la lui donne pas.

Expressions / Vocabulaire

057 ● 不規則動詞　直説法現在形

voir ("see")

je vois	nous vo**y**ons
tu vois	vous vo**y**ez
il voit	ils voient

connaître ("know")

je connais	nous connaissons
tu connais	vous connaissez
il conna**î**t	ils connaissent

vouloir ("want")

je v**eu**x	nous voulons
tu v**eu**x	vous voulez
il v**eu**t	ils v**eu**lent

pouvoir ("can")

je p**eu**x	nous pouvons
tu p**eu**x	vous pouvez
il p**eu**t	ils p**eu**vent

Vous voulez voir ce DVD ? — Oui, je veux le voir.

Elle peut aller au concert ce soir ? — Non, elle ne peut pas y aller.

● **aujourd'hui / demain / après-demain**

● **tous les jours / toutes les semaines / tous les lundis,** etc.

| tout | toute |
| tous | toutes |

Exercices

I 下線部を補語人称代名詞にして全文を書きかえましょう．

Ex. Je regarde la télé tous les soirs.　→　Je *la* regarde tous les soirs.

1) Nous voyons ce monsieur.　→
2) Elle n'étudie pas la médecine.　→
3) Paul téléphone à ses parents.　→
4) Ils ne connaissent pas ces filles.　→

Ⅱ （ ）に qui, quand, pourquoi のいずれかを入れましょう．※文頭は大文字に．

1) Sara arrive (　　　　　) ? — Elle arrive demain matin.
2) (　　　　　) veut me voir ? — Nicolas veut te voir.
3) (　　　　　) Paul ne peut pas venir aujourd'hui ? — Parce qu'il est malade.
4) Tu vois le garçon devant le cinéma. C'est (　　　　　) ? — C'est mon frère.

Ⅲ （ ）内の語を並べかえて意味の通る文にしましょう．※文頭は大文字に．

1) Nicolas (à / le / présente / sa) sœur.
　　Nicolas _____ sœur.
2) (ce / je / te / téléphone) soir.
　　_____ soir.
3) Vous (ne / pas / voir / voulez) ce film ?
　　Vous _____ ce film ?
4) (depuis / habitent / ils / y) longtemps.
　　_____ longtemps.

La Loire —Nantes

《ロワール川》ナント

ナントはフランス西部ペイ・ド・ラ・ロワール地方に位置する，フランスで6番目に大きな都市です．ユグノー戦争を終結させたナントの勅令（1598年）はここで公布されました．SF小説の先駆者ジュール・ベルヌ（1828-1905）はナント出身です．

ブルターニュ公爵城

Leçon 8

Dans un petit magasin

Paul : Bonjour Madame. Je m'appelle Paul. J'habite à côté du parc.

la vendeuse : J'y vais tous les matins. Je me promène avec mon chien.

Paul : Ah bon. Moi, je me repose et dors souvent sous un arbre dans ce parc. Si vous me voyez, vous pouvez me réveiller.

la vendeuse : Qu'est-ce que vous voulez ?

Paul : Je veux de la confiture. J'en mets sur mon pain. Et avez-vous du vin ?

la vendeuse : Oui, j'en ai.

Paul : Une bouteille, c'est combien ?

la vendeuse : C'est sept euros.

Paul : Alors, j'en achète deux.

Grammaire

1　代名動詞の直説法現在形

se coucher	
je me couche	nous nous couchons
tu te couches	vous vous couchez
il se couche	ils se couchent

s'appeler	
je m'appelle	nous nous appelons
tu t'appelles	vous vous appelez
il s'appelle	ils s'appellent

se lever	
je me lève	nous nous levons
tu te lèves	vous vous levez
il se lève	ils se lèvent

se promener	
je me promène	nous nous promenons
tu te promènes	vous vous promenez
il se promène	ils se promènent

● 再帰代名詞をともなって，主語が自分自身に行為を及ぼすことを表します（①再帰的用法）．

Je me couche à onze heures et je me réveille à six heures.
Comment vous appelez-vous ? — Je m'appelle Céline.

● 3人称には再帰代名詞 se を用います．

Elle se lève à six heures et elle se promène avec son chien.

● 主語が複数または on のとき，互いに行為をし合うことを表す場合があります（②相互的用法）．

Ils s'aiment.　　On se trouve devant la gare.

2　部分冠詞

男性	女性
du (de l')	de la (de l')

● 数えられない物・事を表す名詞に付きます．

du café, du courage, de l'argent / de la viande, de la chance, de l'eau

3　中性代名詞 en

● en は，部分冠詞あるいは不定冠詞が付いた名詞や，数・量を表す語句をともなった名詞に代わって用いられる代名詞です．動詞の前に置きます．

Vous prenez **du thé** ? — Non, je n'**en** prends pas.
Tu as **des cousins** ? — Oui, j'**en** ai **quatre**.

4　疑問副詞 combien

● 数・量を尋ねる疑問詞です．後ろに名詞が来る場合は combien de ~ になります．
英語の "how many / how much" にあたりますが，可算/不可算の区別はありません．

Ça fait **combien** ? — Ça fait quinze euros.
Il y a **combien de** chaises ? — Il y **en** a seulement **une**.

Leçon 8

Complément

064 ● 直接目的補語に付いている不定冠詞および部分冠詞は，否定文では de (d') になります．

Il a **une** maison. → Il n'a pas **de** maison.　　J'ai **des** frères. → Je n'ai pas **de** frères.
Nous prenons **du** fromage. → Nous ne prenons pas **de** fromage.
Ils ont **de l'**argent. → Ils n'ont pas **d'**argent.

● 代名動詞には，前ページで示した①再帰的用法，②相互的用法の他に，③受動的用法，④本質的用法があります．本質的用法は，代名動詞としてしか用いられない，特殊な用法です．

③ Le français se parle dans beaucoup de pays.　　La pizza se mange souvent avec les doigts.
④ Vous vous souvenez de moi ? (se souvenir de ~)
　 Il se moque toujours d'elle. (se moquer de ~)

Expressions / Vocabulaire

065 ● C'est combien ? — C'est un euro.　　Cela coûte combien ? — Cela coûte seize euros.
Ça fait combien ? — Ça fait dix-sept euros.

● 不規則動詞　直説法現在形

mettre ("put / put on")	
je mets	nous mettons
tu mets	vous mettez
il met	ils mettent

dormir ("sleep")	
je dors	nous dormons
tu dors	vous dormez
il dort	ils dorment

Il met une chemise, un pantalon, des lunettes, une montre, un chapeau et des chaussures.

Exercices

I ( )の動詞を直説法現在形に活用させて_____に書きましょう．

1) Tu _____ comment ?　　　　　　　　　(s'appeler)
   — Je _____ Michel.
2) Vous _____ tôt ?　　　　　　　　　　　(se coucher)
   — Non, nous _____ tard.
3) Tu _____ à quelle heure ?　　　　　　　(se lever)
   — Je _____ à huit heures.
4) Vous _____ votre cravate ?　　　　　　(mettre)
   — Oui, je _____ ma cravate.
5) Vous _____ bien ?　　　　　　　　　　(dormir)
   — Oui, nous _____ jusqu'à huit heures.

Ⅱ （　）に適切な部分冠詞を入れたうえで，中性代名詞 en を使って答えましょう．

Ex. Vous voulez (du) pain ?　　　　— Oui, nous en voulons.

1) Il y a (　　　) jus d'orange ?　　— Oui, ＿＿＿＿＿＿＿＿＿＿＿＿＿＿．
2) Tu veux (　　　) eau ?　　　　— Oui, ＿＿＿＿＿＿＿＿＿＿＿＿＿＿．
3) Vous mettez (　　　) beurre ?　— Oui, ＿＿＿＿＿＿＿＿＿＿＿＿＿＿．
4) Elles mangent (　　　) viande ?　— Non, ＿＿＿＿＿＿＿＿＿＿＿＿＿＿．

Ⅲ （　）内の語を並べかえて意味の通る文にしましょう．※文頭は大文字に．

1) (elle / promène / se / tous) les jours.
　　＿＿＿＿＿＿＿＿＿＿＿＿＿＿＿＿＿＿ les jours.
2) D'habitude, tu (à / quelle / réveilles / te) heure ?
　　D'habitude, tu ＿＿＿＿＿＿＿＿＿＿＿＿＿ heure ?
3) Ils (ne / pas / se / voient) souvent.
　　Ils ＿＿＿＿＿＿＿＿＿＿＿＿＿＿＿ souvent.
4) Vous (combien / de / kilos / mangez) de riz par mois ?
　　Vous ＿＿＿＿＿＿＿＿＿＿＿＿＿＿ de riz par mois ?

Le Rhône —Lyon

《ローヌ川》リヨン

ローヌ川はアルプスを主な水源として，レマン湖を経由し，地中海へと注ぐ大河です．リヨンはローヌ川とソーヌ川の合流地点に位置しており，パリ，マルセイユに次ぐ大都市です．絹織物の町として名をなしました．旧市街はユネスコ世界遺産に登録されています．

フルヴィエールの丘

Dans un café

Megumi : Qu'est-ce que tu as fait pendant tes vacances ?

Nicolas : J'ai visité la ville de Nice.

Je suis allé à la plage tous les jours. Et toi ?

Megumi : Moi, je suis allée chez mes parents au Japon.

Ma grand-mère et mon grand-père sont venus.

Nous avons mangé du poisson et des fruits de mer.

Nicolas : Moi aussi, j'en ai beaucoup mangé à Nice.

Megumi : Je n'ai pas vu Paul depuis longtemps.

Je n'ai plus de nouvelles.

Il se trouve où maintenant ?

Nicolas : Il est revenu à Paris hier.

Megumi : Ah bon ! Je veux le voir.

Grammaire

068 **1　直説法複合過去**

- 助動詞 avoir または être と 過去分詞 という2つの要素を複合させているので複合過去と言います．すでに完了した過去の出来事を表します．

parler	
j'ai parlé	nous avons parlé
tu as parlé	vous avez parlé
il a parlé	ils ont parlé
elle a parlé	elles ont parlé

aller	
je suis allé(e)	nous sommes allé(e)s
tu es allé(e)	vous êtes allé(e)(s)
il est allé	ils sont allés
elle est allée	elles sont allées

faire	
j'ai fait	nous avons fait
tu as fait	vous avez fait
il a fait	ils ont fait
elle a fait	elles ont fait

venir	
je suis venu(e)	nous sommes venu(e)s
tu es venu(e)	vous êtes venu(e)(s)
il est venu	ils sont venus
elle est venue	elles sont venues

- 助動詞が avoir か être かは動詞によって決まっています．
- être を用いる動詞として，とりあえず「往来発着入出生死」を覚えましょう．

  aller > allé / venir > venu　　partir > parti / arriver > arrivé　　entrer > entré / sortir > sorti

  naître > né / mourir > mort　　*Cf.* devenir, revenir, rentrer

- 助動詞が être の場合は，過去分詞を主語と性・数一致させます．

  Sara est déjà partie.　　Ils sont arrivés à 21 heures.

- 過去分詞の型：habiter > habité　　finir > fini　　faire > fait　　prendre > pris

  　　　　　　　voir > vu　　　　　avoir > eu　　être > été

- 複合過去の否定文は助動詞を ne (n') と pas ではさみます．

  Je n'ai pas voyagé au Japon.　　Nous ne sommes pas venus hier.

069 **2　否定のヴァリエーション**

- **ne ~ plus**「もはや〜ない」("not ~ any more, no longer")

  Je ne suis plus jeune.

- **ne ~ jamais**「けっして〜ない」("never")

  Nous n'avons jamais visité le Japon.

- **ne ~ personne (personne ne ~)**「誰も〜ない」("no one, nobody")

  Il n'y a personne dans la classe.　　Personne n'est d'accord avec vous.

- **ne ~ rien (rien ne ~)**「何も〜ない」("nothing")

  Elle n'a rien mangé depuis ce matin.　　Rien ne m'intéresse dans ce musée.

Leçon 9

Complément

070 ● 複合過去の文中で，直接目的補語が人称代名詞になって〈助動詞＋過去分詞〉の前に来るとき，過去分詞を直接目的補語の性・数と一致させる必要があります．

J'ai vu ce chanteur. → Je l'ai vu. (< le)
Je n'ai pas vu cette chanteuse. → Je ne l'ai pas vue. (< la)
Je n'ai pas vu ces chanteurs. → Je ne les ai pas vus.
J'ai vu ces chanteuses. → Je les ai vues.

● 代名動詞を複合過去にする場合，助動詞は必ず être を用います．再帰代名詞が直接目的補語の場合に限って過去分詞を性・数一致させます．

Elle se lave dans la salle de bain. → Elle s'est lavée … / Elle ne s'est pas lavée …
Elle se lave les mains. → Elle s'est lavé les mains. / Elle ne s'est pas lavé les mains.
　　　　　↳ les mains のほうを直接目的補語とみなすので，se (s') は間接目的補語と考えます．

Expressions / Vocabulaire

071 ● **ne ~ que**「～しか～ない」（否定ではなく限定）

Il n'a que des chemises blanches.

● **hier / avant-hier**

● 数詞（21〜100 / 1000）

21 vingt et un(e) … 22 vingt-deux … 30 trente 31 trente et un(e) … 40 quarante …
50 cinquante … 60 soixante … 70 soixante-dix 71 soixante et onze
72 soixante-douze … 80 quatre-vingts 81 quatre-vingt-un(e) … 90 quatre-vingt-dix
91 quatre-vingt-onze … 99 quatre-vingt-dix-neuf 100 cent / 1000 mille

Exercices

◆ I 複合過去にして全文を書きかえましょう．

Ex. Elle rencontre Nicolas au café. → Elle a rencontré Nicolas au café.

1) Je visite le musée. → ....
2) Nous ne faisons pas la cuisine. → ....
3) Il y a un accident. → ....
4) Elles viennent chez moi. → ....
5) Sara et Nicolas partent ce matin. → ....
6) Marie n'arrive pas à l'heure. → ....
7) Il ne va jamais en France. → ....

Ⅱ （ ）内の語を並べかえて意味の通る文にしましょう．※文頭は大文字に．

1) Je (ne / pas / sortie / suis) hier soir.
   Je _____ hier soir.

2) (en / est / il / né) 1999.
   _____ 1999.

3) Mon fils (aime / le / n' / plus) lait.
   Mon fils _____ lait.

4) Ils (jamais / n' / ont / pris) l'avion.
   Ils _____ l'avion.

5) (allé / est / n' / personne) à la fête.
   _____ à la fête.

6) Il (a / n' / rien / y) dans le frigo.
   Il _____ dans le frigo.

7) Elle (des / mange / ne / que) légumes.
   Elle _____ légumes.

Le Rhône —Avignon 《ローヌ川》アヴィニョン

サン・ベネゼ橋

教皇庁

アヴィニョンはフランス南部，ローヌ川下流域に位置する古都です．1309年から1377年まで教皇庁が置かれたこともあります（アヴィニョン捕囚）．ローヌ川にかかっていたサン・ベネゼ橋は「アヴィニョンの橋の上で」という歌で子どもたちにも親しまれています．

Dans mon enfance

Leçon 10

Nicolas : Où est-ce que tu habitais quand tu étais petite ?

Megumi : J'habitais dans un quartier calme à Tokyo.
Il y avait une bibliothèque que j'aimais beaucoup.
Et toi ?

Nicolas : J'ai passé mon enfance en Normandie, à Rouen.
J'allais souvent dans un musée qui avait des tableaux de Monet.

Megumi : Je le connais.

Nicolas : Tu sais où se trouve le jardin de Monet ?

Megumi : Oui, à Giverny.
Je lis beaucoup de livres sur la peinture française.

Nicolas : On dit qu'elle est célèbre dans le monde entier.

Megumi : Tout à fait.

Grammaire

1 直説法半過去（未完了）

- 過去の状態，何かをし続けている状況（英語の過去進行形），繰り返し行っていた習慣的行為など，過去のある時点において完了していない事柄（持続・継続・反復・習慣）を表します．
- 半過去の語幹は直説法現在形の nous の語幹と同じです．être のみ例外で，特殊な語幹をもっています．
  Cf. nous **chant**ons, nous **finiss**ons, nous **av**ons, nous **all**ons, nous **ven**ons, nous **fais**ons, nous **pren**ons, etc.
- 半過去の語尾はすべての動詞に共通です．

chanter	
je chant**ais**	nous chant**ions**
tu chant**ais**	vous chant**iez**
il chant**ait**	ils chant**aient**

aller	
j'all**ais**	nous all**ions**
tu all**ais**	vous all**iez**
il all**ait**	ils all**aient**

finir	
je finiss**ais**	nous finiss**ions**
tu finiss**ais**	vous finiss**iez**
il finiss**ait**	ils finiss**aient**

être	
j'**ét**ais	nous **ét**ions
tu **ét**ais	vous **ét**iez
il **ét**ait	ils **ét**aient

2 関係代名詞 qui, que

- 先行詞が人でも物・事でも，関係詞節で qui は主語，que (qu') は直接目的補語になります．
  Elle travaille dans la bibliothèque **qui** se trouve près de chez elle.
  La dame **qui** parle avec Paul est ma voisine.
  Le papier **que** vous cherchez est sur la table.
  Éric a rencontré la chanteuse **qu'**il aimait beaucoup.

3 接続詞 que (qu')

Je pense **que** Béatrice est très contente.
J'espère **qu'**il va faire beau.

※ que が接続詞なのか関係代名詞なのかは文脈によります．

Leçon 10

Expressions/Vocabulaire

077 ● 不規則動詞　直説法現在形

savoir ("know, be able to ~") (pp.) su	
je sais	nous savons
tu sais	vous savez
il sait	ils savent

dire ("say") (pp.) dit	
je dis	nous disons
tu dis	vous dit**es**
il dit	ils disent

Je sais nager mais je ne peux pas nager maintenant, parce que je suis malade.

écrire ("write") (pp.) écrit	
j'écris	nous écrivons
tu écris	vous écrivez
il écrit	ils écrivent

lire ("read") (pp.) lu	
je lis	nous lisons
tu lis	vous lisez
il lit	ils lisent

● 第１群規則動詞の活用に準ずる動詞　直説法現在形

commencer ("start") (pp.) commencé	
je commence	nous commen**ç**ons
tu commences	vous commencez
il commence	ils commencent

espérer ("hope") (pp.) espéré	
j'esp**è**re	nous espérons
tu esp**è**res	vous espérez
il esp**è**re	ils esp**è**rent

Ex. avancer ("advance")　　　　　　　Ex. préférer ("prefer")

Exercices

I 日本語の意味に合うように，(　)の動詞を複合過去か半過去にしましょう．

1) Dans son enfance, il _____ souvent à la mer avec ses amis. (aller)
   子どものころ，彼はよく友だちと海へ行っていた．

2) Elle a commencé à pleurer quand nous _____ le déjeuner. (prendre)
   私たちが昼食をとっているとき，彼女は泣きだした．

3) J'_____ à Paris pendant cinq ans. (habiter)
   私はパリに５年間住んだ．

4) Ils _____ déjà très grands à l'âge de dix ans. (être)
   彼らは10歳ですでにとても背が高かった．

5) Ma mère _____ la cuisine quand je regardais la télé. (faire)
   私がテレビを見ているとき，母は料理をしていた．

6) Elle _____ à neuf heures du matin. (venir)
   彼女は朝９時に来た．

45

II （　）に qui, que, qu' のうちいずれか適切なものを入れましょう．

1) Je connais un homme (　　　　) était joueur de football.
2) Il a acheté les gâteaux (　　　　) sa fille voulait manger.
3) Le chat (　　　　) elle avait chez elle était tout blanc.
4) J'espère (　　　　) tu vas bien.

III （　）内の語を並べかえて意味の通る文にしましょう．

1) Son grand-père est (elle / était / mort / quand) étudiante.
   Son grand-père est _____ étudiante.
2) La fille (ce / dans / qui / travaillait) café est devenue chanteuse.
   La fille _____ café est devenue chanteuse.
3) Vous (nous / pensez / que / avons) tort ?
   Vous _____ tort ?
4) Les bébés (écrire / ne / pas / savent).
   Les bébés _____ .

La mer Méditerranée —Marseille
《地中海》マルセイユ

マルセイユはフランス南部，地中海に面したフランス第2の都市で，地中海地域最大級の貿易拠点となっています．港からほど近いイフ島はアレクサンドル・デュマ（1802-1870）の小説『モンテ・クリスト伯』の舞台にもなっています．魚介をふんだんに使ったブイヤベースが名物料理です．

ノートルダム大聖堂

イフ島

Leçon 11

Demain soir

Nicolas : Tu seras libre demain soir ?

Megumi : Non, je suis invitée par des amies.
Nous dînerons ensemble.
Et toi, qu'est-ce que tu feras ?

Nicolas : J'irai à un concert de musique japonaise.
Demain, ce sera le dernier jour.

Megumi : Ah, je ne le savais pas. On doit y aller ensemble.
Le concert commencera à quelle heure ?

Nicolas : À neuf heures. La salle de concert sera ouverte à huit heures et demie.

Megumi : Je serai libre à huit heures. Je peux donc y aller.

Nicolas : C'est bien ! On se verra à l'entrée ?

Megumi : D'accord.

Nicolas : Tu peux venir à neuf heures moins le quart.
J'achèterai ton ticket avant.

Megumi : Merci. C'est gentil.

Grammaire

080 **1 直説法単純未来**

- 動詞1つで未来のことを表すので単純未来と言います．*Cf.* 複合 = 2つ．
- 語尾はすべての動詞に共通です．

parler	
je parle**rai**	nous parle**rons**
tu parle**ras**	vous parle**rez**
il parle**ra**	ils parle**ront**

être	
je se**rai**	nous se**rons**
tu se**ras**	vous se**rez**
il se**ra**	ils se**ront**

aller	
j'i**rai**	nous i**rons**
tu i**ras**	vous i**rez**
il i**ra**	ils i**ront**

voir	
je ver**rai**	nous ver**rons**
tu ver**ras**	vous ver**rez**
il ver**ra**	ils ver**ront**

- 2人称で軽い命令を表すことがあります．

Vous parlerez de votre pays.　　Tu iras chercher Éric a l'aéroport.

081 **2 受動態**

> être ＋ 他動詞の過去分詞 ＋ par ～

- 過去分詞は主語と性・数一致させます．
- aimer, connaître, respecter など，状態を表す動詞の場合，意味上の主語は de で導きます．

Nous sommes aidé**s par** lui.

Ils sont aimé**s de** leurs grands-parents.

- 意味上の主語を明示しない場合，あるいはもとの能動態の文の主語が on の場合，par / de ～ を省略します．

Elle a été invité**e** chez son oncle.

（a été ＝ 複合過去　été invitée ＝ 受動態）

082 **3 中性代名詞 le**

- 前文の内容，que などの接続詞で導かれる節，不定詞句，属詞などの代わりに用いられます．位置は動詞の前です．

Elle va quitter la France. — Je **le** sais.

Avant, ils étaient très gros. Mais maintenant, ils ne **le** sont plus.

Leçon 11

Expressions / Vocabulaire

083 ● **Quelle heure est-il ?**

— Il est une heure et demie / deux heures et quart / trois heures moins le quart.

— Il est 16 heures 18 / 21 heures 30.

— Il est quatre heures du matin / une heure de l'après-midi / six heures du soir.

— Il est midi / munuit.

● 不規則動詞　直説法現在形

ouvrir ("open")　(pp.) ouvert

j'ouvre	nous ouvrons
tu ouvres	vous ouvrez
il ouvre	ils ouvrent

devoir ("must, have to")　(pp.) dû

je dois	nous devons
tu dois	vous devez
il doit	ils doivent

● 直説法単純未来形

avoir

j'au**rai**	nous au**rons**
tu au**ras**	vous au**rez**
il au**ra**	ils au**ront**

faire

je fe**rai**	nous fe**rons**
tu fe**ras**	vous fe**rez**
il fe**ra**	ils fe**ront**

acheter > j'achète**rai**　　appeler > j'appelle**rai**　　devoir > je dev**rai**　　finir > je fini**rai**
pouvoir > je pour**rai**　　prendre > je prend**rai**　　venir > je viend**rai**　　vouloir > je voud**rai**

Exercices

◆ I （　）の動詞を直説法単純未来形に活用させて_____に書きましょう．

1) Elle _____ dix-neuf ans dans quinze jours.　(avoir)

2) Sara et Nicolas _____ du tennis.　(faire)

3) Je n'_____ jamais son visage.　(oublier)

4) Tu m'_____ ce soir.　(appeler)

5) Vous _____ ce travail avant dix-huit heures.　(finir)

6) Nous _____ demain matin.　(venir)

◆ II 下線部を主語にして受動態の文にしましょう．

Ex. Ils chantent une chanson.　→　Une chanson est chantée par eux.

1) Les étrangers visitent le château.

2) Elle n'invite pas quelques amies.

3) Ses collègues la respectent.

4) On a fermé les fenêtres.

🔹 Ⅲ （ ）内の語を並べかえて意味の通る文にしましょう．

1) Il (à / me / présentera / sa) famille.
   Il _____ famille.

2) Maintenant je suis étudiant, mais je (le / ne / plus / serai) dans trois mois.
   ..., mais je _____ dans trois mois.

3) Elle (a / aidée / été / par) beaucoup de gens.
   Elle _____ beaucoup de gens.

4) Vous (devez / ne / ouvrir / pas) la porte quand vous êtes seule.
   Vous _____ quand...

5) Il est (demie / et / heures / huit) du matin.
   Il est _____ du matin.

La mer Méditerranée —Cannes et Nice
《地中海》カンヌとニース

カンヌ，ニースはいずれもフランス南東部，地中海に面した町で，観光地・保養地として知られています．カンヌでは毎年5月に国際映画祭が開催されています．2018年には是枝裕和監督の作品が最高賞を受賞しました．ニースのコート・ダジュール空港はパリの2つの空港に次いでフランスで3番目に利用客が多い空港です．

ニース旧市街付近の海辺

Leçon 12

Dans une boulangerie

Nicolas : Qu'est-ce que tu as choisi ?

Megumi : J'ai choisi cette baguette.

Nicolas : Moi, je préfère celle-là.

Elle est plus grande que la tienne.

Megumi : Pour moi, ça va comme ça.

Je mange moins que toi.

Je trouve que celle-ci est meilleure que celle-là.

Nicolas : On dit que c'est la boulangerie la plus connue de Paris.

En plus, c'est une des plus vieilles boulangeries de France.

Megumi : Ah bon ! Il y a beaucoup de choix et tout est bon.

Nicolas : Oui. Le boulanger est aimé de tous.

Grammaire

1 指示代名詞

● 「それ（これ・あれ）」を表します．後ろに -ci を付けると「これ」，-là を付けると「あれ」を表します．

	男性	女性
単数	celui	celle
複数	ceux	celles

celui-ci, celles-là, etc.

Cf. ce livre-ci, ce livre-là.

2 比較級

(優等 ＋)	plus			
(同等 ＝)	aussi	形容詞 副詞	que	～
(劣等 －)	moins			

● 形容詞はかかる名詞の性・数に一致します．

● 比較の対象は que (qu') で導きます．人称代名詞の場合は強勢形にします．

Il est plus grand que son père.　Paul marche aussi vite qu'Éric.　Je suis moins riche que toi.

● 特殊な比較級

| （形容詞） | bon | bonne | → | meilleur | meilleure |
| | bons | bonnes | | meilleurs | meilleures |

（副詞）bien　→　**mieux**

Pour moi, le citron est meilleur que l'orange.　　Elle chante mieux que moi.

● **beaucoup (de ~)** → [+] **plus (de ~)** / [=] **autant (de ~)** / [–] **moins (de ~)**

3 最上級

| le | la | plus | | | |
| les | les | moins | 形容詞 | de | ～ |

| | le | plus moins | 副詞 | de | ～ |

● 比較級に定冠詞を付けると最上級になります．

● de ～ は範囲の限定です．

C'est le film le moins intéressant des quatre.

Elle nage le plus vite de sa classe.

Il sera le meilleur joueur de tennis du monde.

Il travaille le mieux de tous.

52

Leçon 12

Grammaire (suite)

4 所有代名詞

	男性	女性		男性	女性
単数	le mien	la mienne		le nôtre	la nôtre
複数	les miens	les miennes		les nôtres	les nôtres
	le tien	la tienne		le vôtre	la vôtre
	les tiens	les tiennes		les vôtres	les vôtres
	le sien	la sienne		le leur	la leur
	les siens	les siennes		les leurs	les leurs

Ex. la voiture de Pierre / la voiture d'Anne / la voiture de la société
→ sa voiture → la sienne

Expressions / Vocabulaire

● 不規則動詞　直説法現在形

courir ("run") (pp.) couru	
je cours	nous courons
tu cours	vous courez
il court	ils courent

boire ("drink") (pp.) bu	
je bois	nous buvons
tu bois	vous buvez
il boit	ils boivent

Exercices

1 指示に従って比較級の文を作りましょう.

Ex. Sara est petite. (+ : sa sœur) → Sara est plus petite que sa sœur.

1) Mon sac est cher. (− : le vôtre)

2) Je me lève tôt. (= : vous)

3) Ta soupe est bonne. (+ : la mienne)

4) Tu cours vite. (− : moi)

5) Cet homme-là boit beaucoup. (+ : celui-ci)

Ⅱ 指示に従って最上級の文を作りましょう.

Ex. Thomas est gentil. (＋ : mes amis) → Thomas est le plus gentil de mes amis.

1) Elle est occupée. (− : sa famille)

2) Il court vite. (＋ : les trois)

3) C'est un film amusant. (＋ : l'année)

4) Tu chantes bien. (＋ : tous)

Ⅲ （　）内の語を並べかえて意味の通る文にしましょう.

1) Cette jupe-ci (aussi / est / jolie / que) celle-là.
   Cette jupe-ci _____ celle-là.

2) Quelle est la (importante / la / plus / scène) de ce film ?
   Quelle est la _____ de ce film ?

3) C'est un (de / des / gâteaux / meilleurs) la pâtisserie.
   C'est un _____ la pâtisserie.

La Garonne —Toulouse

《ガロンヌ川》トゥールーズ

聖エティエンヌ大聖堂

キャピトル・ド・トゥールーズ

ガロンヌ川は，スペインとの国境ピレネー山脈を水源とし，トゥールーズ，ボルドーを経由して大西洋に流れ込みます．トゥールーズはラングドック地方の中心都市です．建築資材のレンガの色から「バラ色の町」とも呼ばれます．スミレの花の産地としても知られています．航空機を製造しているエアバスはトゥールーズに本社があります．

Leçon 13

Si j'étais riche

Nicolas : Si j'étais riche, je ferais le tour du monde.
Qu'est-ce que tu ferais si tu avais plus d'argent ?

Megumi : Moi, je voudrais tenir ma propre boutique à Paris.

Nicolas : Alors, j'irais dans ta boutique avec mes amis.

Megumi : Ah oui, s'il te plaît !

Nicolas : J'aimerais bien aller au Japon.

Megumi : Je crois que la vie japonaise est intéressante pour toi.

Nicolas : On dit que les Japonais mangent en regardant la télé. C'est vrai ?

Megumi : Oui, je faisais la même chose quand j'étais petite. Qu'est-ce que les Français font en dînant ?

Nicolas : Les Français parlent à table.

Grammaire

1 条件法現在

● 単純未来の語幹に半過去の語尾を付けます．

aimer	
j'aime**rais**	nous aime**rions**
tu aime**rais**	vous aime**riez**
il aime**rait**	ils aime**raient**

faire	
je fe**rais**	nous fe**rions**
tu fe**rais**	vous fe**riez**
il fe**rait**	ils fe**raient**

aller	
j'i**rais**	nous i**rions**
tu i**rais**	vous i**riez**
il i**rait**	ils i**raient**

être	
je se**rais**	nous se**rions**
tu se**rais**	vous se**riez**
il se**rait**	ils se**raient**

● 特に〈Si ＋直説法半過去＋条件法現在〉の形で，現在の事実に反する仮定を表します．

Si je n'étais pas trop fatiguée, j'irais faire des courses avec toi.

● 日常会話では婉曲・丁寧な表現としてよく使われます．

J'aimerais prendre un verre de vin blanc, s'il vous plaît.

2 現在分詞とジェロンディフ

● 現在分詞の作り方は，直説法現在形の nous の語幹に語尾 **-ant** を付けます．

nous **regard**ons → regard**ant**　　nous **fais**ons → fais**ant**　　nous **pren**ons → pren**ant**

Cf. savoir → sach**ant**

● 現在分詞は基本的に直前の名詞を修飾する形容詞のような働きをします．

J'ai vu un chien courant dans le parc.

● ジェロンディフは〈**en** ＋現在分詞〉の形で，主節に対して同時性・対立・原因・結果などを表す副詞節の働きをします．

● ジェロンディフの主語は主節の主語と同じです．

J'ai vu un chien en courant dans le parc.

Il prépare des examens tout en écoutant la radio.

Leçon 13

Complément

095 ●条件法現在は，過去から見た未来として，時制の一致をする場合にも用いられます．

Elle espère que son fils réussira.　（現在から見た未来）

Elle espérait que son fils réussirait.　（過去から見た未来）

096 ●条件法現在形

vouloir	
je voud**rais**	nous voud**rions**
tu voud**rais**	vous voud**riez**
il voud**rait**	ils voud**raient**

pouvoir	
je pour**rais**	nous pour**rions**
tu pour**rais**	vous pour**riez**
il pour**rait**	ils pour**raient**

●不規則動詞　直説法現在形

tenir ("hold, own")　(pp.)tenu

je tiens	nous tenons
tu tiens	vous tenez
il tient	ils tiennent

croire ("think, believe")　(pp.)cru

je crois	nous croyons
tu crois	vous croyez
il croit	ils croient

plaire ("please")　(pp.)plu

je plais	nous plaisons
tu plais	vous plaisez
il plaît	ils plaisent

répondre ("respond")　(pp.)répondu

je réponds	nous répondons
tu réponds	vous répondez
il répond	ils répondent

Ce plat plaît à beaucoup de gens.　　Elle répond à son professeur.

Exercices

Ⅰ　現在の事実に反する仮定を表す文に書き直しましょう．

Ex. Il n'est pas riche. Donc, il ne peut pas tenir sa propre boutique.
→ S'il était riche, il pourrait tenir sa propre boutique.

1) Je ne suis pas pianiste. Donc, je ne joue pas Chopin.
→

2) Nous sommes trop occupés. Donc, nous ne pouvons pas lui répondre tout de suite. →

3) Il ne fait pas beau. Donc, elles ne vont pas à la montagne.
→

57

II （　）の動詞を条件法現在形に活用させて＿＿＿に書きましょう．※文頭は大文字に．

1) J'＿＿＿＿＿＿ tenir mon propre restaurant. (aimer)
2) Je ＿＿＿＿＿＿ parler à monsieur Leblanc, s'il vous plaît. (vouloir)
3) ＿＿＿＿＿＿-vous me répondre par e-mail ? (pouvoir)

III （　）の動詞を現在分詞にして＿＿＿に書きましょう．

1) Nous avons vu des garçons ＿＿＿＿＿＿ dans le parc. (danser)
2) Elle a rencontré Céline en ＿＿＿＿＿＿ des courses. (faire)
3) Il lit un journal tout en ＿＿＿＿＿＿ son petit déjeuner. (prendre)

IV （　）内の語を並べかえて意味の通る文にしましょう．※文頭は大文字に．

1) (avions / nous / plus / si) d'argent, nous achèterions un appartement à Paris.
   ＿＿＿＿＿＿ d'argent, nous achèterions...
2) Sans votre aide, je (ne / pas / pourrais / réussir).
   Sans votre aide, je ＿＿＿＿＿＿.
3) Elle n'a rien (dit / en / sachant / tout) la vérité.
   Elle n'a rien ＿＿＿＿＿＿ la vérité.

La Garonne ―Bordeaux
《ロワール川》ボルドー

ボルドーはワインの産地として有名です．また，聖アンドレ大聖堂をはじめとする建造物や歴史地区「月の港」が世界遺産に登録されています．かつては「眠れる美女」と呼ばれていましたが，近年の都市計画・再開発で活気を取り戻しています．

ピエール橋とサン・ミシェル大聖堂
ブルス広場の水鏡
サンテミリオンの葡萄畑

C'est dommage !

Leçon 14

Nicolas : C'est dommage que tu partes.

Megumi : Mais il faut que je rentre à Tokyo.
C'est la ville où ma famille vit.

Nicolas : Qu'est-ce que tu feras ?

Megumi : Je travaillerai dans un hôtel dont mon oncle est le directeur. C'est lui qui m'a demandé de venir travailler avec lui.

Nicolas : J'aimerais réserver une chambre dans ton hôtel pour les vacances d'été.

Megumi : Ce serait bien ! Tu voudrais que je t'accompagne dans les monuments historiques et dans les quartiers populaires ?

Nicolas : Oui, s'il te plaît. J'adore la cuisine japonaise. Je voudrais aller dans un bon restaurant avec toi.

Megumi : Avec plaisir ! Beaucoup de bons plats t'attendent au Japon.

Grammaire

1 接続法現在

rentrer	
que je rentre	que nous rentrions
que tu rentres	que vous rentriez
qu'il rentre	qu'ils rentrent

partir	
que je parte	que nous partions
que tu partes	que vous partiez
qu'il parte	qu'ils partent

● 原則的に直説法現在・3人称複数の語幹を用います．être, avoir, faire など例外もあります．

ils vienn**ent** → je vienn**e**　　ils finiss**ent** → je finiss**e**　　*Cf.* faire → je fasse

● たいてい接続詞 que の後で用いられ，感情・願望・義務などを表します．

Il faut que nous partions.　　Je voudrais qu'il m'aide.　　Elle est triste que tu ne viennes pas.

● 接続法現在を要求する型

aimer que ～ ／ souhaiter que ～ ／ vouloir que ～

être content que ～ ／ être heureux que ～ ／ être triste que ～

c'est dommage que ～ ／ il faut que ～ etc.

Cf. Il faut prendre le bus pour y aller. = On doit prendre le bus pour y aller.

2 関係代名詞 où と dont

● où は先行詞が時間あるいは場所を表す場合に用いられますが，qui や que と違い，関係詞節のなかで主語や直接目的補語にはなりません．

C'est la ville où ma cousine vit.　　*Cf.* C'est la ville que ma cousine visite souvent.

● dont は〈前置詞 de + 先行詞〉の代わりになる関係詞です．

J'ai un ami dont le père est médecin. (< Le père de cet ami est médecin.)

3 強調構文

● 主語を強調する場合

C'est Paul qui est le plus grand de la classe.　　C'est lui qui fait la cuisine.

● 主語以外のものを強調する場合

C'est le film que je voulais voir.　　C'est hier qu'il a eu un accident.

Leçon 14

Expressions/Vocabulaire

● 接続法現在形

être	
que je **sois**	que nous **soyons**
que tu **sois**	que vous **soyez**
qu'il **soit**	qu'ils **soient**

aller	
que j'**aille**	que nous **allions**
que tu **ailles**	que vous **alliez**
qu'il **aille**	qu'ils **aillent**

● 不規則動詞　直説法現在形

vivre ("live")　(pp.) vécu	
je vis	nous vivons
tu vis	vous vivez
il vit	ils vivent

attendre ("wait")　(pp.) attendu	
j'attends	nous attendons
tu attends	vous attendez
il attend	ils attendent

● **demander à quelqu'un de + inf.**

Nicolas demande à Céline de l'attendre encore un moment.

● **avec plaisir**

Tu viens avec nous ? — Avec plaisir !

Exercices

I 日本語の意味に合うように，下から適切な語句を選んで＿＿＿に書きましょう．

1) ＿＿＿＿＿＿＿＿＿＿ je finisse ce travail tout de suite.
   私はこの仕事をすぐに終えなければならない．

2) ＿＿＿＿＿＿＿＿＿＿ vous alliez faire des courses.
   あなたに買い物に行ってもらいたいのですが．

3) ＿＿＿＿＿＿＿＿＿＿ tu m'aides.
   君が手伝ってくれてうれしいよ．

C'est dommage que　Il faut que　Je suis content que　Je suis triste que　Je voudrais que

II (　)の動詞を接続法現在形に活用させて＿＿＿に書きましょう．

1) Voulez-vous que nous ＿＿＿＿＿＿ à la maison ?　(rester)
2) C'est dommage que tu ne ＿＿＿＿＿＿ pas japonais.　(parler)
3) Je souhaite qu'ils ＿＿＿＿＿＿ toujours heureux.　(être)
4) Il faut que j'y ＿＿＿＿＿＿ tout de suite.　(aller)

Ⅲ （　）に où, dont, qui, que (qu') のうちいずれか適切なものを入れましょう．

1) Le garçon (　　　) vous parlez s'appelle Denis Cordier.
2) Elle rentrera au village (　　　) elle est née.
3) C'est moi (　　　) dois vous remercier.
4) C'est ce livre (　　　) je voulais lire.

Ⅳ （　）内の語を並べかえて意味の通る文にしましょう．

1) Il (faut / finisses / que / tu) tes devoirs avant midi.
　　Il ＿＿＿＿＿＿＿＿＿＿＿＿＿＿＿＿＿＿＿ tes devoirs avant midi.
2) Nous sommes (elle / heureux / qu' / vienne) nous voir.
　　Nous sommes ＿＿＿＿＿＿＿＿＿＿＿＿＿＿＿ nous voir.
3) Je vais souvent à l' (appartement / ils / où / vivent).
　　Je vais souvent à l' ＿＿＿＿＿＿＿＿＿＿＿＿．
4) C'est (attend / ici / il / qu') l'arrivée de sa copine.
　　C'est ＿＿＿＿＿＿＿＿＿＿＿＿＿＿＿ l'arrivée de sa copine.

Le Rhin —Strasbourg

《ライン川》ストラスブール

ライン川はスイス・アルプスを水源として，フランス・ドイツの国境を流れ，オランダで北海に注ぎます．フランス東部，アルザス地方の中心都市ストラスブールには欧州評議会や欧州議会の本会議場が設置されています．市内を流れるイル川の中州にある旧市街が世界遺産に登録されています．クリスマスの時期にはヨーロッパ最大級のマルシェが催され，毎年200万人もの人が訪れます．

プティット・フランス

マルシェ・ド・ノエル

ロマン・フルーヴ
──流れにのせてフランス語──

金澤　忠信
フランソワ・モーリエール　著

2019. 1. 20　初版印刷
2019. 2. 1　初版発行

発行者　井　田　洋　二

〒101-0062 東京都千代田区神田駿河台3の7
発行所　電話 03(3291)1676　FAX 03(3291)1675　株式会社　駿河台出版社
振替 00190-3-56669

製版・印刷・製本　㈱フォレスト
http://www.e-surugadai.com
ISBN978-4-411-01131-2　C1085

動詞活用表

◇活用表中，現在分詞と過去分詞はイタリック体，
また書体の違う活用は，とくに注意すること．

accueillir	22	écrire	40	pleuvoir	61
acheter	10	émouvoir	55	pouvoir	54
acquérir	26	employer	13	préférer	12
aimer	7	envoyer	15	prendre	29
aller	16	être	2	recevoir	52
appeler	11	être aimé(e)(s)	5	rendre	28
(s')asseoir	60	être allé(e)(s)	4	résoudre	42
avoir	1	faire	31	rire	48
avoir aimé	3	falloir	62	rompre	50
battre	46	finir	17	savoir	56
boire	41	fuir	27	sentir	19
commencer	8	(se) lever	6	suffire	34
conclure	49	lire	33	suivre	38
conduire	35	manger	9	tenir	20
connaître	43	mettre	47	vaincre	51
coudre	37	mourir	25	valoir	59
courir	24	naître	44	venir	21
craindre	30	ouvrir	23	vivre	39
croire	45	partir	18	voir	57
devoir	53	payer	14	vouloir	58
dire	32	plaire	36		

◇ 単純時称の作り方

不定法		
—er	[e]	
—ir	[ir]	
—re	[r]	
—oir	[war]	

現在分詞		
—ant	[ã]	

	直説法現在		接続法現在		直説法半過去	
je (j')	—e	[無音]	—e	[無音]	—ais	[ɛ]
tu	—es	[無音]	—es	[無音]	—ais	[ɛ]
il	—e	[無音]	—e	[無音]	—ait	[ɛ]
nous	—ons	[ɔ̃]	—ions	[jɔ̃]	—ions	[jɔ̃]
vous	—ez	[e]	—iez	[je]	—iez	[je]
ils	—ent	[無音]	—ent	[無音]	—aient	[ɛ]

直説法現在 (je tu il) 別表: —s [無音], —s [無音], —t [無音]

	直説法単純未来		条件法現在	
je (j')	—rai	[re]	—rais	[rɛ]
tu	—ras	[ra]	—rais	[rɛ]
il	—ra	[ra]	—rait	[rɛ]
nous	—rons	[rɔ̃]	—rions	[rjɔ̃]
vous	—rez	[re]	—riez	[rje]
ils	—ront	[rɔ̃]	—raient	[rɛ]

	直説法単純過去					
je	—ai	[e]	—is	[i]	—us	[y]
tu	—as	[a]	—is	[i]	—us	[y]
il	—a	[a]	—it	[i]	—ut	[y]
nous	—âmes	[am]	—îmes	[im]	—ûmes	[ym]
vous	—âtes	[at]	—îtes	[it]	—ûtes	[yt]
ils	—èrent	[ɛr]	—irent	[ir]	—urent	[yr]

過去分詞	—é [e], —i [i], —u [y], —s [無音], —t [無音]

①**直説法現在**の単数形は，第一群動詞では—e, —es, —e ; 他の動詞ではほとんど—s, —s, —t.
②**直説法現在**と**接続法現在**では，nous, vous の語幹が，他の人称の語幹と異なること（母音交替）がある.
③**命令法**は，直説法現在の tu, nous, vous をとった形.（ただし—es → e　vas → va）
④**接続法現在**は，多く直説法現在の3人称複数形から作られる. ils partent → je parte.
⑤**直説法半過去**と**現在分詞**は，直説法現在の1人称複数形から作られる.
⑥**直説法単純未来**と**条件法現在**は多く不定法から作られる. aimer → j'aimerai, finir → je finirai, rendre → je rendrai (-oir 型の語幹は不規則).

1. avoir

直説法

現在分詞	現在	半過去	単純過去
ayant	j' ai	j' avais	j' eus [y]
	tu as	tu avais	tu eus
	il a	il avait	il eut
過去分詞	nous avons	nous avions	nous eûmes
eu [y]	vous avez	vous aviez	vous eûtes
	ils ont	ils avaient	ils eurent

命令法	複合過去	大過去	前過去
	j' ai eu	j' avais eu	j' eus eu
aie	tu as eu	tu avais eu	tu eus eu
	il a eu	il avait eu	il eut eu
ayons	nous avons eu	nous avions eu	nous eûmes eu
ayez	vous avez eu	vous aviez eu	vous eûtes eu
	ils ont eu	ils avaient eu	ils eurent eu

2. être

直説法

現在分詞	現在	半過去	単純過去
étant	je suis	j' étais	je fus
	tu es	tu étais	tu fus
	il est	il était	il fut
過去分詞	nous sommes	nous étions	nous fûmes
été	vous êtes	vous étiez	vous fûtes
	ils sont	ils étaient	ils furent

命令法	複合過去	大過去	前過去
	j' ai été	j' avais été	j' eus été
sois	tu as été	tu avais été	tu eus été
	il a été	il avait été	il eut été
soyons	nous avons été	nous avions été	nous eûmes été
soyez	vous avez été	vous aviez été	vous eûtes été
	ils ont été	ils avaient été	ils eurent été

3. avoir aimé

[複合時称]

直説法

分詞複合形	複合過去	大過去	前過去
ayant aimé	j' ai aimé	j' avais aimé	j' eus aimé
	tu as aimé	tu avais aimé	tu eus aimé
	il a aimé	il avait aimé	il eut aimé
命令法	elle a aimé	elle avait aimé	elle eut aimé
	nous avons aimé	nous avions aimé	nous eûmes aimé
aie aimé	vous avez aimé	vous aviez aimé	vous eûtes aimé
ayons aimé	ils ont aimé	ils avaient aimé	ils eurent aimé
ayez aimé	elles ont aimé	elles avaient aimé	elles eurent aimé

4. être allé(e)(s)

[複合時称]

直説法

分詞複合形	複合過去	大過去	前過去
étant allé(e)(s)	je suis allé(e)	j' étais allé(e)	je fus allé(e)
	tu es allé(e)	tu étais allé(e)	tu fus allé(e)
	il est allé	il était allé	il fut allé
命令法	elle est allée	elle était allée	elle fut allée
sois allé(e)	nous sommes allé(e)s	nous étions allé(e)s	nous fûmes allé(e)s
soyons allé(e)s	vous êtes allé(e)(s)	vous étiez allé(e)(s)	vous fûtes allé(e)(s)
soyez allé(e)(s)	ils sont allés	ils étaient allés	ils furent allés
	elles sont allées	elles étaient allées	elles furent allées

		条件法		接続法	
単純未来		現在		現在	半過去
j' aurai	j'	aurais	j' aie	j'	eusse
tu auras	tu	aurais	tu aies	tu	eusses
il aura	il	aurait	il ait	il	eût
nous aurons	nous	aurions	nous ayons	nous	eussions
vous aurez	vous	auriez	vous ayez	vous	eussiez
ils auront	ils	auraient	ils aient	ils	eussent
前未来		過去	過去		大過去
j' aurai eu	j'	aurais eu	j' aie eu	j'	eusse eu
tu auras eu	tu	aurais eu	tu aies eu	tu	eusses eu
il aura eu	il	aurait eu	il ait eu	il	eût eu
nous aurons eu	nous	aurions eu	nous ayons eu	nous	eussions eu
vous aurez eu	vous	auriez eu	vous ayez eu	vous	eussiez eu
ils auront eu	ils	auraient eu	ils aient eu	ils	eussent eu

		条件法		接続法	
単純未来		現在	現在		半過去
je serai	je	serais	je sois	je	fusse
tu seras	tu	serais	tu sois	tu	fusses
il sera	il	serait	il soit	il	fût
nous serons	nous	serions	nous soyons	nous	fussions
vous serez	vous	seriez	vous soyez	vous	fussiez
ils seront	ils	seraient	ils soient	ils	fussent
前未来		過去	過去		大過去
j' aurai été	j'	aurais été	j' aie été	j'	eusse été
tu auras été	tu	aurais été	tu aies été	tu	eusses été
il aura été	il	aurait été	il ait été	il	eût été
nous aurons été	nous	aurions été	nous ayons été	nous	eussions été
vous aurez été	vous	auriez été	vous ayez été	vous	eussiez été
ils auront été	ils	auraient été	ils aient été	ils	eussent été

		条件法		接続法	
前未来		過去	過去		大過去
j' aurai aimé	j'	aurais aimé	j' aie aimé	j'	eusse aimé
tu auras aimé	tu	aurais aimé	tu aies aimé	tu	eusses aimé
il aura aimé	il	aurait aimé	il ait aimé	il	eût aimé
elle aura aimé	elle	aurait aimé	elle ait aimé	elle	eût aimé
nous aurons aimé	nous	aurions aimé	nous ayons aimé	nous	eussions aimé
vous aurez aimé	vous	auriez aimé	vous ayez aimé	vous	eussiez aimé
ils auront aimé	ils	auraient aimé	ils aient aimé	ils	eussent aimé
elles auront aimé	elles	auraient aimé	elles aient aimé	elles	eussent aimé

		条件法		接続法	
前未来		過去	過去		大過去
je serai allé(e)	je	serais allé(e)	je sois allé(e)	je	fusse allé(e)
tu seras allé(e)	tu	serais allé(e)	tu sois allé(e)	tu	fusse allé(e)
il sera allé	il	serait allé	il soit allé	il	fût allé
elle sera allée	elle	serait allée	elle soit allée	elle	fût allée
nous serons allé(e)s	nous	serions allé(e)s	nous soyons allé(e)s	nous	fussions allé(e)s
vous serez allé(e)(s)	vous	seriez allé(e)(s)	vous soyez allé(e)(s)	vous	fussiez allé(e)(s)
ils seront allés	ils	seraient allés	ils soient allés	ils	fussent allés
elles seront allées	elles	seraient allées	elles soient allées	elles	fussent allées

5. être aimé(e)(s) [受動態]

直　説　法							接　続　法		
現　在			複　合　過　去				現　在		
je	suis	aimé(e)	j'	ai	été	aimé(e)	je	sois	aimé(e)
tu	es	aimé(e)	tu	as	été	aimé(e)	tu	sois	aimé(e)
il	est	aimé	il	a	été	aimé	il	soit	aimé
elle	est	aimée	elle	a	été	aimée	elle	soit	aimée
nous	sommes	aimé(e)s	nous	avons	été	aimé(e)s	nous	soyons	aimé(e)s
vous	êtes	aimé(e)(s)	vous	avez	été	aimé(e)(s)	vous	soyez	aimé(e)(s)
ils	sont	aimés	ils	ont	été	aimés	ils	soient	aimés
elles	sont	aimées	elles	ont	été	aimées	elles	soient	aimées
半　過　去			大　過　去				過　去		
j'	étais	aimé(e)	j'	avais	été	aimé(e)	j'	aie	été	aimé(e)
tu	étais	aimé(e)	tu	avais	été	aimé(e)	tu	aies	été	aimé(e)
il	était	aimé	il	avait	été	aimé	il	ait	été	aimé
elle	était	aimée	elle	avait	été	aimée	elle	ait	été	aimée
nous	étions	aimé(e)s	nous	avions	été	aimé(e)s	nous	ayons	été	aimé(e)s
vous	étiez	aimé(e)(s)	vous	aviez	été	aimé(e)(s)	vous	ayez	été	aimé(e)(s)
ils	étaient	aimés	ils	avaient	été	aimés	ils	aient	été	aimés
elles	étaient	aimées	elles	avaient	été	aimées	elles	aient	été	aimées
単　純　過　去			前　過　去				半　過　去		
je	fus	aimé(e)	j'	eus	été	aimé(e)	je	fusse	aimé(e)
tu	fus	aimé(e)	tu	eus	été	aimé(e)	tu	fusses	aimé(e)
il	fut	aimé	il	eut	été	aimé	il	fût	aimé
elle	fut	aimée	elle	eut	été	aimée	elle	fût	aimée
nous	fûmes	aimé(e)s	nous	eûmes	été	aimé(e)s	nous	fussions	aimé(e)s
vous	fûtes	aimé(e)(s)	vous	eûtes	été	aimé(e)(s)	vous	fussiez	aimé(e)(s)
ils	furent	aimés	ils	eurent	été	aimés	ils	fussent	aimés
elles	furent	aimées	elles	eurent	été	aimées	elles	fussent	aimées
単　純　未　来			前　未　来				大　過　去		
je	serai	aimé(e)	j'	aurai	été	aimé(e)	j'	eusse	été	aimé(e)
tu	seras	aimé(e)	tu	auras	été	aimé(e)	tu	eusses	été	aimé(e)
il	sera	aimé	il	aura	été	aimé	il	eût	été	aimé
elle	sera	aimée	elle	aura	été	aimée	elle	eût	été	aimée
nous	serons	aimé(e)s	nous	aurons	été	aimé(e)s	nous	eussions	été	aimé(e)s
vous	serez	aimé(e)(s)	vous	aurez	été	aimé(e)(s)	vous	eussiez	été	aimé(e)(s)
ils	seront	aimés	ils	auront	été	aimés	ils	eussent	été	aimés
elles	seront	aimées	elles	auront	été	aimées	elles	eussent	été	aimées

条　件　法								
現　在			過　去				現在分詞	
							étant aimé(e)(s)	
je	serais	aimé(e)	j'	aurais	été	aimé(e)		
tu	serais	aimé(e)	tu	aurais	été	aimé(e)	過去分詞	
il	serait	aimé	il	aurait	été	aimé	été aimé(e)(s)	
elle	serait	aimée	elle	aurait	été	aimée		
nous	serions	aimé(e)s	nous	aurions	été	aimé(e)s	命　令　法	
vous	seriez	aimé(e)(s)	vous	auriez	été	aimé(e)(s)	sois	aimé(e)s
ils	seraient	aimés	ils	auraient	été	aimés	soyons	aimé(e)s
elles	seraient	aimées	elles	auraient	été	aimées	soyez	aimé(e)(s)

6. se lever [代名動詞]

直説法

現在

je	me	lève
tu	te	lèves
il	se	lève
elle	se	lève
nous	nous	levons
vous	vous	levez
ils	se	lèvent
elles	se	lèvent

複合過去

je	me	suis	levé(e)
tu	t'	es	levé(e)
il	s'	est	levé
elle	s'	est	levée
nous	nous	sommes	levé(e)s
vous	vous	êtes	levé(e)(s)
ils	se	sont	levés
elles	se	sont	levées

半過去

je	me	levais
tu	te	levais
il	se	levait
elle	se	levait
nous	nous	levions
vous	vous	leviez
ils	se	levaient
elles	se	levaient

大過去

je	m'	étais	levé(e)
tu	t'	étais	levé(e)
il	s'	était	levé
elle	s'	était	levée
nous	nous	étions	levé(e)s
vous	vous	étiez	levé(e)(s)
ils	s'	étaient	levés
elles	s'	étaient	levées

単純過去

je	me	levai
tu	te	levas
il	se	leva
elle	se	leva
nous	nous	levâmes
vous	vous	levâtes
ils	se	levèrent
elles	se	levèrent

前過去

je	me	fus	levé(e)
tu	te	fus	levé(e)
il	se	fut	levé
elle	se	fut	levée
nous	nous	fûmes	levé(e)s
vous	vous	fûtes	levé(e)(s)
ils	se	furent	levés
elles	se	furent	levées

単純未来

je	me	lèverai
tu	te	lèveras
il	se	lèvera
elle	se	lèvera
nous	nous	lèverons
vous	vous	lèverez
ils	se	lèveront
elles	se	lèveront

前未来

je	me	serai	levé(e)
tu	te	seras	levé(e)
il	se	sera	levé
elle	se	sera	levée
nous	nous	serons	levé(e)s
vous	vous	serez	levé(e)(s)
ils	se	seront	levés
elles	se	seront	levées

接続法

現在

je	me	lève
tu	te	lèves
il	se	lève
elle	se	lève
nous	nous	levions
vous	vous	leviez
ils	se	lèvent
elles	se	lèvent

過去

je	me	sois	levé(e)
tu	te	sois	levé(e)
il	se	soit	levé
elle	se	soit	levée
nous	nous	soyons	levé(e)s
vous	vous	soyez	levé(e)(s)
ils	se	soient	levés
elles	se	soient	levées

半過去

je	me	levasse
tu	te	levasses
il	se	levât
elle	se	levât
nous	nous	levassions
vous	vous	levassiez
ils	se	levassent
elles	se	levassent

大過去

je	me	fusse	levé(e)
tu	te	fusses	levé(e)
il	se	fût	levé
elle	se	fût	levée
nous	nous	fussions	levé(e)s
vous	vous	fussiez	levé(e)(s)
ils	se	fussent	levés
elles	se	fussent	levées

条件法

現在

je	me	lèverais
tu	te	lèverais
il	se	lèverait
elle	se	lèverait
nous	nous	lèverions
vous	vous	lèveriez
ils	se	lèveraient
elles	se	lèveraient

過去

je	me	serais	levé(e)
tu	te	serais	levé(e)
il	se	serait	levé
elle	se	serait	levée
nous	nous	serions	levé(e)s
vous	vous	seriez	levé(e)(s)
ils	se	seraient	levés
elles	se	seraient	levées

現在分詞

se levant

命令法

lève-toi
levons-nous
levez vous

◇ se が間接補語のとき過去分詞は性・数の変化をしない．

不定法 現在分詞 過去分詞	直説法			
	現在	半過去	単純過去	単純未来
7. aimer *aimant* *aimé*	j' aime tu aimes il aime n. aimons v. aimez ils aiment	j' aimais tu aimais il aimait n. aimions v. aimiez ils aimaient	j' aimai tu aimas il aima n. aimâmes v. aimâtes ils aimèrent	j' aimerai tu aimeras il aimera n. aimerons v. aimerez ils aimeront
8. commencer *commençant* *commencé*	je commence tu commences il commence n. commençons v. commencez ils commencent	je commençais tu commençais il commençait n. commencions v. commenciez ils commençaient	je commençai tu commenças il commença n. commençâmes v. commençâtes ils commencèrent	je commencerai tu commenceras il commencera n. commencerons v. commencerez ils commenceront
9. manger *mangeant* *mangé*	je mange tu manges il mange n. mangeons v. mangez ils mangent	je mangeais tu mangeais il mangeait n. mangions v. mangiez ils mangeaient	je mangeai tu mangeas il mangea n. mangeâmes v. mangeâtes ils mangèrent	je mangerai tu mangeras il mangera n. mangerons v. mangerez ils mangeront
10. acheter *achetant* *acheté*	j' achète tu achètes il achète n. achetons v. achetez ils achètent	j' achetais tu achetais il achetait n. achetions v. achetiez ils achetaient	j' achetai tu achetas il acheta n. achetâmes v. achetâtes ils achetèrent	j' achèterai tu achèteras il achètera n. achèterons v. achèterez ils achèteront
11. appeler *appelant* *appelé*	j' appelle tu appelles il appelle n. appelons v. appelez ils appellent	j' appelais tu appelais il appelait n. appelions v. appeliez ils appelaient	j' appelai tu appelas il appela n. appelâmes v. appelâtes ils appelèrent	j' appellerai tu appelleras il appellera n. appellerons v. appellerez ils appelleront
12. préférer *préférant* *préféré*	je préfère tu préfères il préfère n. préférons v. préférez ils préfèrent	je préférais tu préférais il préférait n. préférions v. préfériez ils préféraient	je préférai tu préféras il préféra n. préférâmes v. préférâtes ils préférèrent	je préférerai tu préféreras il préférera n. préférerons v. préférerez ils préféreront
13. employer *employant* *employé*	j' emploie tu emploies il emploie n. employons v. employez ils emploient	j' employais tu employais il employait n. employions v. employiez ils employaient	j' employai tu employas il employa n. employâmes v. employâtes ils employèrent	j' emploierai tu emploieras il emploiera n. emploierons v. emploierez ils emploieront

条件法	接続法		命令法	同型
現在	現在	半過去		
j' aimerais tu aimerais il aimerait n. aimerions v. aimeriez ils aimeraient	j' aime tu aimes il aime n. aimions v. aimiez ils aiment	j' aimasse tu aimasses il aimât n. aimassions v. aimassiez ils aimassent	aime aimons aimez	注語尾 -er の動詞 （除：aller, envoyer) を**第一群規則動詞**と もいう．
je commencerais tu commencerais il commencerait n. commencerions v. commenceriez ils commenceraient	je commence tu commences il commence n. commencions v. commenciez ils commencent	je commençasse tu commençasses il commençât n. commençassions v. commençassiez ils commençassent	commence commençons commencez	**avancer** **effacer** **forcer** **lancer** **placer** **prononcer** **remplacer** **renoncer**
je mangerais tu mangerais il mangerait n. mangerions v. mangeriez ils mangeraient	je mange tu manges il mange n. mangions v. mangiez ils mangent	je mangeasse tu mangeasses il mangeât n. mangeassions v. mangeassiez ils mangeassent	mange mangeons mangez	**arranger** **changer** **charger** **déranger** **engager** **manger** **obliger** **voyager**
j' achèterais tu achèterais il achèterait n. achèterions v. achèteriez ils achèteraient	j' achète tu achètes il achète n. achetions v. achetiez ils achètent	j' achetasse tu achetasses il achetât n. achetassions v. achetassiez ils achetassent	achète achetons achetez	**achever** **amener** **enlever** **lever** **mener** **peser** **(se) promener**
j' appellerais tu appellerais il appellerait n. appellerions v. appelleriez ils appelleraient	j' appelle tu appelles il appelle n. appelions v. appeliez ils appellent	j' appelasse tu appelasses il appelât n. appelassions v. appelassiez ils appelassent	appelle appelons appelez	**jeter** **rappeler** **rejeter** **renouveler**
je préférerais tu préférerais il préférerait n. préférerions v. préféreriez ils préféreraient	je préfère tu préfères il préfère n. préférions v. préfériez ils préfèrent	je préférasse tu préférasses il préférât n. préférassions v. préférassiez ils préférassent	préfère préférons préférez	**considérer** **désespérer** **espérer** **inquiéter** **pénétrer** **posséder** **répéter** **sécher**
j' emploierais tu emploierais il emploierait n. emploierions v. emploieriez ils emploieraient	j' emploie tu emploies il emploie n. employions v. employiez ils emploient	j' employasse tu employasses il employât n. employassions v. employassiez ils employassent	emploie employons employez	**-oyer**（除：envoyer) **-uyer** **appuyer** **ennuyer** **essuyer** **nettoyer**

不定法 現在分詞 過去分詞	直 説 法			
	現 在	半過去	単純過去	単純未来
14. payer *payant* *payé*	je paye (paie) tu payes (paies) il paye (paie) n. payons v. payez ils payent (paient)	je payais tu payais il payait n. payions v. payiez ils payaient	je payai tu payas il paya n. payâmes v. payâtes ils payèrent	je payerai (paierai) tu payeras (*etc.*...) il payera n. payerons v. payerez ils payeront
15. envoyer *envoyant* *envoyé*	j' envoie tu envoies il envoie n. envoyons v. envoyez ils envoient	j' envoyais tu envoyais il envoyait n. envoyions v. envoyiez ils envoyaient	j' envoyai tu envoyas il envoya n. envoyâmes v. envoyâtes ils envoyèrent	j' **enverrai** tu **enverras** il **enverra** n. **enverrons** v. **enverrez** ils **enverront**
16. aller *allant* *allé*	je **vais** tu **vas** il **va** n. allons v. allez ils **vont**	j' allais tu allais il allait n. allions v. alliez ils allaient	j' allai tu allas il alla n. allâmes v. allâtes ils allèrent	j' **irai** tu **iras** il **ira** n. **irons** v. **irez** ils **iront**
17. finir *finissant* *fini*	je finis tu finis il finit n. finissons v. finissez ils finissent	je finissais tu finissais il finissait n. finissions v. finissiez ils finissaient	je finis tu finis il finit n. finîmes v. finîtes ils finirent	je finirai tu finiras il finira n. finirons v. finirez ils finiront
18. partir *partant* *parti*	je pars tu pars il part n. partons v. partez ils partent	je partais tu partais il partait n. partions v. partiez ils partaient	je partis tu partis il partit n. partîmes v. partîtes ils partirent	je partirai tu partiras il partira n. partirons v. partirez ils partiront
19. sentir *sentant* *senti*	je sens tu sens il sent n. sentons v. sentez ils sentent	je sentais tu sentais il sentait n. sentions v. sentiez ils sentaient	je sentis tu sentis il sentit n. sentîmes v. sentîtes ils sentirent	je sentirai tu sentiras il sentira n. sentirons v. sentirez ils sentiront
20. tenir *tenant* *tenu*	je tiens tu tiens il tient n. tenons v. tenez ils tiennent	je tenais tu tenais il tenait n. tenions v. teniez ils tenaient	je tins tu tins il tint n. tînmes v. tîntes ils tinrent	je **tiendrai** tu **tiendras** il **tiendra** n. **tiendrons** v. **tiendrez** ils **tiendront**

条件法	接続法		命令法	同型
現　在	現　在　　　　半過去			
je payerais (paierais) tu payerais (etc....) il payerait n. payerions v. payeriez ils payeraient	je paye (paie) tu payes (paies) il paye (paie) n. payions v. payiez ils payent (paient)	je payasse tu payasses il payât n. payassions v. payassiez ils payassent	paie (paye) payons payez	[発音] je paye [ʒəpɛj], je paie 「ʒəpɛ」; je payerai [ʒəpɛjre], je paierai 「ʒəpɛre」.
j' enverrais tu enverrais il enverrait n. enverrions v. enverriez ils enverraient	j' envoie tu envoies il envoie n. envoyions v. envoyiez ils envoient	j' envoyasse tu envoyasses il envoyât n. envoyassions v. envoyassiez ils envoyassent	envoie envoyons envoyez	注 未来，条・現を除いては，13 と同じ. **renvoyer**
j' irais tu irais il irait n. irions v. iriez ils iraient	j' **aille** tu **ailles** il **aille** n. allions v. alliez ils **aillent**	j' allasse tu allasses il allât n. allassions v. allassiez ils allassent	**va** allons allez	注 y がつくとき命令法・現在は vas: vas-y. 直・現・3 人称複数に ont の語尾をもつものは他に ont (avoir), sont (être), font (faire) のみ.
je finirais tu finirais il finirait n. finirions v. finiriez ils finiraient	je finisse tu finisses il finisse n. finissions v. finissiez ils finissent	je finisse tu finisses il finît n. finissions v. finissiez ils finissent	finis finissons finissez	注 finir 型の動詞を第 2 群規則動詞という.
je partirais tu partirais il partirait n. partirions v. partiriez ils partiraient	je parte tu partes il parte n. partions v. partiez ils partent	je partisse tu partisses il partît n. partissions v. partissiez ils partissent	pars partons partez	注 助動詞は être. **sortir**
je sentirais tu sentirais il sentirait n. sentirions v. sentiriez ils sentiraient	je sente tu sentes il sente n. sentions v. sentiez ils sentent	je sentisse tu sentisses il sentît n. sentissions v. sentissiez ils sentissent	sens sentons sentez	注 18 と助動詞を除けば同型.
je tiendrais tu tiendrais il tiendrait n. tiendrions v. tiendriez ils tiendraient	je tienne tu tiennes il tienne n. tenions v. teniez ils tiennent	je tinsse tu tinsses il tînt n. tinssions v. tinssiez ils tinssent	tiens tenons tenez	注 **venir** 21 と同型，ただし，助動詞は avoir.

不定法 現在分詞 過去分詞	直説法			
	現在	半過去	単純過去	単純未来
21. venir *venant* *venu*	je viens tu viens il vient n. venons v. venez ils viennent	je venais tu venais il venait n. venions v. veniez ils venaient	je vins tu vins il vint n. vînmes v. vîntes ils vinrent	je **viendrai** tu **viendras** il **viendra** n. **viendrons** v. **viendrez** ils **viendront**
22. accueillir *accueillant* *accueilli*	j' **accueille** tu **accueilles** il **accueille** n. accueillons v. accueillez ils accueillent	j' accueillais tu accueillais il accueillait n. accueillions v. accueilliez ils accueillaient	j' accueillis tu accueillis il accueillit n. accueillîmes v. accueillîtes ils accueillirent	j' **accueillerai** tu **accueilleras** il **accueillera** n. **accueillerons** v. **accueillerez** ils **accueilleront**
23. ouvrir *ouvrant* *ouvert*	j' **ouvre** tu **ouvres** il **ouvre** n. ouvrons v. ouvrez ils ouvrent	j' ouvrais tu ouvrais il ouvrait n. ouvrions v. ouvriez ils ouvraient	j' ouvris tu ouvris il ouvrit n. ouvrîmes v. ouvrîtes ils ouvrirent	j' ouvrirai tu ouvriras il ouvrira n. ouvrirons v. ouvrirez ils ouvriront
24. courir *courant* *couru*	je cours tu cours il court n. courons v. courez ils courent	je courais tu courais il courait n. courions v. couriez ils couraient	je courus tu courus il courut n. courûmes v. courûtes ils coururent	je **courrai** tu **courras** il **courra** n. **courrons** v. **courrez** ils **courront**
25. mourir *mourant* *mort*	je meurs tu meurs il meurt n. mourons v. mourez ils meurent	je mourais tu mourais il mourait n. mourions v. mouriez ils mouraient	je mourus tu mourus il mourut n. mourûmes v. mourûtes ils moururent	je **mourrai** tu **mourras** il **mourra** n. **mourrons** v. **mourrez** ils **mourront**
26. acquérir *acquérant* *acquis*	j' acquiers tu acquiers il acquiert n. acquérons v. acquérez ils acquièrent	j' acquérais tu acquérais il acquérait n. acquérions v. acquériez ils acquéraient	j' acquis tu acquis il acquit n. acquîmes v. acquîtes ils acquirent	j' **acquerrai** tu **acquerras** il **acquerra** n. **acquerrons** v. **acquerrez** ils **acquerront**
27. fuir *fuyant* *fui*	je fuis tu fuis il fuit n. fuyons v. fuyez ils fuient	je fuyais tu fuyais il fuyait n. fuyions v. fuyiez ils fuyaient	je fuis tu fuis il fuit n. fuîmes v. fuîtes ils fuirent	je fuirai tu fuiras il fuira n. fuirons v. fuirez ils fuiront

条件法	接続法		命令法	同型
現在	現在	半過去		
je viendrais tu viendrais il viendrait n. viendrions v. viendriez ils viendraient	je vienne tu viennes il vienne n. venions v. veniez ils viennent	je vinsse tu vinsses il vînt n. vinssions v. vinssiez ils vinssent	viens venons venez	注 助動詞は être. **devenir** **intervenir** **prévenir** **revenir** **(se) souvenir**
j' accueillerais tu accueillerais il accueillerait n. accueillerions v. accueilleriez ils accueilleraient	j' accueille tu accueilles il accueille n. accueillions v. accueilliez ils accueillent	j' accueillisse tu accueillisses il accueillît n. accueillissions v. accueillissiez ils accueillissent	**accueille** accueillons accueillez	**cueillir**
j' ouvrirais tu ouvrirais il ouvrirait n. ouvririons v. ouvririez ils ouvriraient	j' ouvre tu ouvres il ouvre n. ouvrions v. ouvriez ils ouvrent	j' ouvrisse tu ouvrisses il ouvrît n. ouvrissions v. ouvrissiez ils ouvrissent	**ouvre** ouvrons ouvrez	**couvrir** **découvrir** **offrir** **souffrir**
je courrais tu courrais il courrait n. courrions v. courriez ils courraient	je coure tu coures il coure n. courions v. couriez ils courent	je courusse tu courusses il courût n. courussions v. courussiez ils courussent	cours courons courez	**accourir**
je mourrais tu mourrais il mourrait n. mourrions v. mourriez ils mourraient	je meure tu meures il meure n. mourions v. mouriez ils meurent	je mourusse tu mourusses il mourût n. mourussions v. mourussiez ils mourussent	meurs mourons mourez	注 助動詞は être.
j' acquerrais tu acquerrais il acquerrait n. acquerrions v. acquerriez ils acquerraient	j' acquière tu acquières il acquière n. acquérions v. acquériez ils acquièrent	j' acquisse tu acquisses il acquît n. acquissions v. acquissiez ils acquissent	acquiers acquérons acquérez	**conquérir**
je fuirais tu fuirais il fuirait n. fuirions v. fuiriez ils fuiraient	je fuie tu fuies il fuie n. fuyions v. fuyiez ils fuient	je fuisse tu fuisses il fuît n. fuissions v. fuissiez ils fuissent	fuis fuyons fuyez	**s'enfuir**

不定法 現在分詞 過去分詞	直 説 法			
	現　　在	半　過　去	単 純 過 去	単 純 未 来
28. rendre *rendant* *rendu*	je　rends tu　rends il　**rend** n.　rendons v.　rendez ils　rendent	je　rendais tu　rendais il　rendait n.　rendions v.　rendiez ils　rendaient	je　rendis tu　rendis il　rendit n.　rendîmes v.　rendîtes ils　rendirent	je　rendrai tu　rendras il　rendra n.　rendrons v.　rendrez ils　rendront
29. prendre *prenant* *pris*	je　prends tu　prends il　**prend** n.　prenons v.　prenez ils　prennent	je　prenais tu　prenais il　prenait n.　prenions v.　preniez ils　prenaient	je　pris tu　pris il　prit n.　prîmes v.　prîtes ils　prirent	je　prendrai tu　prendras il　prendra n.　prendrons v.　prendrez ils　prendront
30. craindre *craignant* *craint*	je　crains tu　crains il　craint n.　craignons v.　craignez ils　craignent	je　craignais tu　craignais il　craignait n.　craignions v.　craigniez ils　craignaient	je　craignis tu　craignis il　craignit n.　craignîmes v.　craignîtes ils　craignirent	je　craindrai tu　craindras il　craindra n.　craindrons v.　craindrez ils　craindront
31. faire *faisant* *fait*	je　fais tu　fais il　fait n.　faisons v.　**faites** ils　**font**	je　faisais tu　faisais il　faisait n.　faisions v.　faisiez ils　faisaient	je　fis tu　fis il　fit n.　fîmes v.　fîtes ils　firent	je　**ferai** tu　**feras** il　**fera** n.　**ferons** v.　**ferez** ils　**feront**
32. dire *disant* *dit*	je　dis tu　dis il　dit n.　disons v.　**dites** ils　disent	je　disais tu　disais il　disait n.　disions v.　disiez ils　disaient	je　dis tu　dis il　dit n.　dîmes v.　dîtes ils　dirent	je　dirai tu　diras il　dira n.　dirons v.　direz ils　diront
33. lire *lisant* *lu*	je　lis tu　lis il　lit n.　lisons v.　lisez ils　lisent	je　lisais tu　lisais il　lisait n.　lisions v.　lisiez ils　lisaient	je　lus tu　lus il　lut n.　lûmes v.　lûtes ils　lurent	je　lirai tu　liras il　lira n.　lirons v.　lirez ils　liront
34. suffire *suffisant* *suffi*	je　suffis tu　suffis il　suffit n.　suffisons v.　suffisez ils　suffisent	je　suffisais tu　suffisais il　suffisait n.　suffisions v.　suffisiez ils　suffisaient	je　suffis tu　suffis il　suffit n.　suffîmes v.　suffîtes ils　suffirent	je　suffirai tu　suffiras il　suffira n.　suffirons v.　suffirez ils　suffiront

条件法	接続法		命令法	同 型
現在	現在	半過去		
je rendrais tu rendrais il rendrait n. rendrions v. rendriez ils rendraient	je rende tu rendes il rende n. rendions v. rendiez ils rendent	je rendisse tu rendisses il rendît n. rendissions v. rendissiez ils rendissent	rends rendons rendez	**attendre descendre entendre pendre perdre répandre répondre vendre**
je prendrais tu prendrais il prendrait n. prendrions v. prendriez ils prendraient	je prenne tu prennes il prenne n. prenions v. preniez ils prennent	je prisse tu prisses il prît n. prissions v. prissiez ils prissent	prends prenons prenez	**apprendre comprendre entreprendre reprendre surprendre**
je craindrais tu craindrais il craindrait n. craindrions v. craindriez ils craindraient	je craigne tu craignes il craigne n. craignions v. craigniez ils craignent	je craignisse tu craignisses il craignît n. craignissions v. craignissiez ils craignissent	crains craignons craignez	**atteindre éteindre joindre peindre plaindre**
je ferais tu ferais il ferait n. ferions v. feriez ils feraient	je **fasse** tu **fasses** il **fasse** n. **fassions** v. **fassiez** ils **fassent**	je fisse tu fisses il fît n. fissions v. fissiez ils fissent	fais faisons **faites**	**défaire refaire satisfaire** 注 fais-[f(ə)z-]
je dirais tu dirais il dirait n. dirions v. diriez ils diraient	je dise tu dises il dise n. disions v. disiez ils disent	je disse tu disses il dît n. dissions v. dissiez ils dissent	dis disons **dites**	**redire**
je lirais tu lirais il lirait n. lirions v. liriez ils liraient	je lise tu lises il lise n. lisions v. lisiez ils lisent	je lusse tu lusses il lût n. lussions v. lussiez ils lussent	lis lisons lisez	**relire élire**
je suffirais tu suffirais il suffirait n. suffirions v. suffiriez ils suffiraient	je suffise tu suffises il suffise n. suffisions v. suffisiez ils suffisent	je suffisse tu suffisses il suffît n. suffissions v. suffissiez ils suffissent	suffis suffisons suffisez	

不定法 現在分詞 過去分詞	直 説 法			
	現　在	半 過 去	単純過去	単純未来
35. conduire *conduisant* *conduit*	je conduis tu conduis il conduit n. conduisons v. conduisez ils conduisent	je conduisais tu conduisais il conduisait n. conduisions v. conduisiez ils conduisaient	je conduisis tu conduisis il conduisit n. conduisîmes v. conduisîtes ils conduisirent	je conduirai tu conduiras il conduira n. conduirons v. conduirez ils conduiront
36. plaire *plaisant* *plu*	je plais tu plais il **plaît** n. plaisons v. plaisez ils plaisent	je plaisais tu plaisais il plaisait n. plaisions v. plaisiez ils plaisaient	je plus tu plus il plut n. plûmes v. plûtes ils plurent	je plairai tu plairas il plaira n. plairons v. plairez ils plairont
37. coudre *cousant* *cousu*	je couds tu couds il coud n. cousons v. cousez ils cousent	je cousais tu cousais il cousait n. cousions v. cousiez ils cousaient	je cousis tu cousis il cousit n. cousîmes v. cousîtes ils cousirent	je coudrai tu coudras il coudra n. coudrons v. coudrez ils coudront
38. suivre *suivant* *suivi*	je suis tu suis il suit n. suivons v. suivez ils suivent	je suivais tu suivais il suivait n. suivions v. suiviez ils suivaient	je suivis tu suivis il suivit n. suivîmes v. suivîtes ils suivirent	je suivrai tu suivras il suivra n. suivrons v. suivrez ils suivront
39. vivre *vivant* *vécu*	je vis tu vis il vit n. vivons v. vivez ils vivent	je vivais tu vivais il vivait n. vivions v. viviez ils vivaient	je vécus tu vécus il vécut n. vécûmes v. vécûtes ils vécurent	je vivrai tu vivras il vivra n. vivrons v. vivrez ils vivront
40. écrire *écrivant* *écrit*	j' écris tu écris il écrit n. écrivons v. écrivez ils écrivent	j' écrivais tu écrivais il écrivait n. écrivions v. écriviez ils écrivaient	j' écrivis tu écrivis il écrivit n. écrivîmes v. écrivîtes ils écrivirent	j' écrirai tu écriras il écrira n. écrirons v. écrirez ils écriront
41. boire *buvant* *bu*	je bois tu bois il boit n. buvons v. buvez ils boivent	je buvais tu buvais il buvait n. buvions v. buviez ils buvaient	je bus tu bus il but n. bûmes v. bûtes ils burent	je boirai tu boiras il boira n. boirons v. boirez ils boiront

条件法	接続法		命令法	同型
現在	現在	半過去		
je conduirais tu conduirais il conduirait n. conduirions v. conduiriez ils conduiraient	je conduise tu conduises il conduise n. conduisions v. conduisiez ils conduisent	je conduisisse tu conduisisses il conduisît n. conduisissions v. conduisissiez ils conduisissent	conduis conduisons conduisez	**construire cuire détruire instruire introduire produire traduire**
je plairais tu plairais il plairait n. plairions v. plairiez ils plairaient	je plaise tu plaises il plaise n. plaisions v. plaisiez ils plaisent	je plusse tu plusses il plût n. plussions v. plussiez ils plussent	plais plaisons plaisez	**déplaire (se) taire** （ただし il se tait）
je coudrais tu coudrais il coudrait n. coudrions v. coudriez ils coudraient	je couse tu couses il couse n. cousions v. cousiez ils cousent	je cousisse tu cousisses il cousît n. cousissions v. cousissiez ils cousissent	couds cousons cousez	
je suivrais tu suivrais il suivrait n. suivrions v. suivriez ils suivraient	je suive tu suives il suive n. suivions v. suiviez ils suivent	je suivisse tu suivisses il suivît n. suivissions v. suivissiez ils suivissent	suis suivons suivez	**poursuivre**
je vivrais tu vivrais il vivrait n. vivrions v. vivriez ils vivraient	je vive tu vives il vive n. vivions v. viviez ils vivent	je vécusse tu vécusses il vécût n. vécussions v. vécussiez ils vécussent	vis vivons vivez	
j' écrirais tu écrirais il écrirait n. écririons v. écririez ils écriraient	j' écrive tu écrives il écrive n. écrivions v. écriviez ils écrivent	j' écrivisse tu écrivisses il écrivît n. écrivissions v. écrivissiez ils écrivissent	écris écrivons écrivez	**décrire inscrire**
je boirais tu boirais il boirait n. boirions v. boiriez ils boiraient	je boive tu boives il boive n. buvions v. buviez ils boivent	je busse tu busses il bût n. bussions v. bussiez ils bussent	bois buvons buvez	

不定法 現在分詞 過去分詞	直 説 法			
	現　在	半 過 去	単純過去	単純未来
42. résoudre *résolvant* *résolu*	je résous tu résous il résout n. résolvons v. résolvez ils résolvent	je résolvais tu résolvais il résolvait n. résolvions v. résolviez ils résolvaient	je résolus tu résolus il résolut n. résolûmes v. résolûtes ils résolurent	je résoudrai tu résoudras il résoudra n. résoudrons v. résoudrez ils résoudront
43. connaître *connaissant* *connu*	je connais tu connais il **connaît** n. connaissons v. connaissez ils connaissent	je connaissais tu connaissais il connaissait n. connaissions v. connaissiez ils connaissaient	je connus tu connus il connut n. connûmes v. connûtes ils connurent	je connaîtrai tu connaîtras il connaîtra n. connaîtrons v. connaîtrez ils connaîtront
44. naître *naissant* *né*	je nais tu nais il **naît** n. naissons v. naissez ils naissent	je naissais tu naissais il naissait n. naissions v. naissiez ils naissaient	je naquis tu naquis il naquit n. naquîmes v. naquîtes ils naquirent	je naîtrai tu naîtras il naîtra n. naîtrons v. naîtrez ils naîtront
45. croire *croyant* *cru*	je crois tu crois il croit n. croyons v. croyez ils croient	je croyais tu croyais il croyait n. croyions v. croyiez ils croyaient	je crus tu crus il crut n. crûmes v. crûtes ils crurent	je croirai tu croiras il croira n. croirons v. croirez ils croiront
46. battre *battant* *battu*	je bats tu bats il **bat** n. battons v. battez ils battent	je battais tu battais il battait n. battions v. battiez ils battaient	je battis tu battis il battit n. battîmes v. battîtes ils battirent	je battrai tu battras il battra n. battrons v. battrez ils battront
47. mettre *mettant* *mis*	je mets tu mets il **met** n. mettons v. mettez ils mettent	je mettais tu mettais il mettait n. mettions v. mettiez ils mettaient	je mis tu mis il mit n. mîmes v. mîtes ils mirent	je mettrai tu mettras il mettra n. mettrons v. mettrez ils mettront
48. rire *riant* *ri*	je ris tu ris il rit n. rions v. riez ils rient	je riais tu riais il riait n. riions v. riiez ils riaient	je ris tu ris il rit n. rîmes v. rîtes ils rirent	je rirai tu riras il rira n. rirons v. rirez ils riront

条件法	接続法		命令法	同型
現在	現在	半過去		
je résoudrais tu résoudrais il résoudrait n. résoudrions v. résoudriez ils résoudraient	je résolve tu résolves il résolve n. résolvions v. résolviez ils résolvent	je résolusse tu résolusses il résolût n. résolussions v. résolussiez ils résolussent	résous résolvons résolvez	
je connaîtrais tu connaîtrais il connaîtrait n. connaîtrions v. connaîtriez ils connaîtraient	je connaisse tu connaisses il connaisse n. connaissions v. connaissiez ils connaissent	je connusse tu connusses il connût n. connussions v. connussiez ils connussent	connais connaissons connaissez	注 t の前にくるとき i→î. **apparaître** **disparaître** **paraître** **reconnaître**
je naîtrais tu naîtrais il naîtrait n. naîtrions v. naîtriez ils naîtraient	je naisse tu naisses il naisse n. naissions v. naissiez ils naissent	je naquisse tu naquisses il naquît n. naquissions v. naquissiez ils naquissent	nais naissons naissez	注 t の前にくるとき i→î. 助動詞はêtre.
je croirais tu croirais il croirait n. croirions v. croiriez ils croiraient	je croie tu croies il croie n. croyions v. croyiez ils croient	je crusse tu crusses il crût n. crussions v. crussiez ils crussent	crois croyons croyez	
je battrais tu battrais il battrait n. battrions v. battriez ils battraient	je batte tu battes il batte n. battions v. battiez ils battent	je battisse tu battisses il battît n. battissions v. battissiez ils battissent	bats battons battez	**abattre** **combattre**
je mettrais tu mettrais il mettrait n. mettrions v. mettriez ils mettraient	je mette tu mettes il mette n. mettions v. mettiez ils mettent	je misse tu misses il mît n. missions v. missiez ils missent	mets mettons mettez	**admettre** **commettre** **permettre** **promettre** **remettre**
je rirais tu rirais il rirait n. ririons v. ririez ils riraient	je rie tu ries il rie n. riions v. riiez ils rient	je risse tu risses il rît n. rissions v. rissiez ils rissent	ris rions riez	**sourire**

不定法 現在分詞 過去分詞	直説法			
	現在	半過去	単純過去	単純未来
49. conclure *concluant* *conclu*	je conclus tu conclus il conclut n. concluons v. concluez ils concluent	je concluais tu concluais il concluait n. concluions v. concluiez ils concluaient	je conclus tu conclus il conclut n. conclûmes v. conclûtes ils conclurent	je conclurai tu concluras il conclura n. conclurons v. conclurez ils concluront
50. rompre *rompant* *rompu*	je romps tu romps il rompt n. rompons v. rompez ils rompent	je rompais tu rompais il rompait n. rompions v. rompiez ils rompaient	je rompis tu rompis il rompit n. rompîmes v. rompîtes ils rompirent	je romprai tu rompras il rompra n. romprons v. romprez ils rompront
51. vaincre *vainquant* *vaincu*	je vaincs tu vaincs il **vainc** n. vainquons v. vainquez ils vainquent	je vainquais tu vainquais il vainquait n. vainquions v. vainquiez ils vainquaient	je vainquis tu vainquis il vainquit n. vainquîmes v. vainquîtes ils vainquirent	je vaincrai tu vaincras il vaincra n. vaincrons v. vaincrez ils vaincront
52. recevoir *recevant* *reçu*	je reçois tu reçois il reçoit n. recevons v. recevez ils reçoivent	je recevais tu recevais il recevait n. recevions v. receviez ils recevaient	je reçus tu reçus il reçut n. reçûmes v. reçûtes ils reçurent	je **recevrai** tu **recevras** il **recevra** n. **recevrons** v. **recevrez** ils **recevront**
53. devoir *devant* *dû* (due, dus, dues)	je dois tu dois il doit n. devons v. devez ils doivent	je devais tu devais il devait n. devions v. deviez ils devaient	je dus tu dus il dut n. dûmes v. dûtes ils durent	je **devrai** tu **devras** il **devra** n. **devrons** v. **devrez** ils **devront**
54. pouvoir *pouvant* *pu*	je **peux (puis)** tu **peux** il peut n. pouvons v. pouvez ils peuvent	je pouvais tu pouvais il pouvait n. pouvions v. pouviez ils pouvaient	je pus tu pus il put n. pûmes v. pûtes ils purent	je **pourrai** tu **pourras** il **pourra** n. **pourrons** v. **pourrez** ils **pourront**
55. émouvoir *émouvant* *ému*	j' émeus tu émeus il émeut n. émouvons v. émouvez ils émeuvent	j' émouvais tu émouvais il émouvait n. émouvions v. émouviez ils émouvaient	j' émus tu émus il émut n. émûmes v. émûtes ils émurent	j' **émouvrai** tu **émouvras** il **émouvra** n. **émouvrons** v. **émouvrez** ils **émouvront**

条件法	接続法		命令法	同型
現在	現在	半過去		
je conclurais tu conclurais il conclurait n. conclurions v. concluriez ils concluraient	je conclue tu conclues il conclue n. concluions v. concluiez ils concluent	je conclusse tu conclusses il conclût n. conclussions v. conclussiez ils conclussent	conclus concluons concluez	
je romprais tu romprais il romprait n. romprions v. rompriez ils rompraient	je rompe tu rompes il rompe n. rompions v. rompiez ils rompent	je rompisse tu rompisses il rompît n. rompissions v. rompissiez ils rompissent	romps rompons rompez	**interrompre**
je vaincrais tu vaincrais il vaincrait n. vaincrions v. vaincriez ils vaincraient	je vainque tu vainques il vainque n. vainquions v. vainquiez ils vainquent	je vainquisse tu vainquisses il vainquît n. vainquissions v. vainquissiez ils vainquissent	vaincs vainquons vainquez	**convaincre**
je recevrais tu recevrais il recevrait n. recevrions v. recevriez ils recevraient	je reçoive tu reçoives il reçoive n. recevions v. receviez ils reçoivent	je reçusse tu reçusses il reçût n. reçussions v. reçussiez ils reçussent	reçois recevons recevez	**apercevoir** **concevoir**
je devrais tu devrais il devrait n. devrions v. devriez ils devraient	je doive tu doives il doive n. devions v. deviez ils doivent	je dusse tu dusses il dût n. dussions v. dussiez ils dussent	dois devons devez	注命令法はほとんど用いられない.
je pourrais tu pourrais il pourrait n. pourrions v. pourriez ils pourraient	je **puisse** tu **puisses** il **puisse** n. **puissions** v. **puissiez** ils **puissent**	je pusse tu pusses il pût n. pussions v. pussiez ils pussent		注命令法はない.
j' émouvrais tu émouvrais il émouvrait n. émouvrions v. émouvriez ils émouvraient	j' émeuve tu émeuves il émeuve n. émouvions v. émouviez ils émeuvent	j' émusse tu émusses il émût n. émussions v. émussiez ils émussent	émeus émouvons émouvez	**mouvoir** ただし過去分詞は mû (mue, mus, mues)

不定法 現在分詞 過去分詞	直　説　法			
	現　在	半過去	単純過去	単純未来
56. savoir *sachant* *su*	je　sais tu　sais il　sait n.　savons v.　savez ils　savent	je　savais tu　savais il　savait n.　savions v.　saviez ils　savaient	je　sus tu　sus il　sut n.　sûmes v.　sûtes ils　surent	je　**saurai** tu　**sauras** il　**saura** n.　**saurons** v.　**saurez** ils　**sauront**
57. voir *voyant* *vu*	je　vois tu　vois il　voit n.　voyons v.　voyez ils　voient	je　voyais tu　voyais il　voyait n.　voyions v.　voyiez ils　voyaient	je　vis tu　vis il　vit n.　vîmes v.　vîtes ils　virent	je　**verrai** tu　**verras** il　**verra** n.　**verrons** v.　**verrez** ils　**verront**
58. vouloir *voulant* *voulu*	je　**veux** tu　**veux** il　veut n.　voulons v.　voulez ils　veulent	je　voulais tu　voulais il　voulait n.　voulions v.　vouliez ils　voulaient	je　voulus tu　voulus il　voulut n.　voulûmes v.　voulûtes ils　voulurent	je　**voudrai** tu　**voudras** il　**voudra** n.　**voudrons** v.　**voudrez** ils　**voudront**
59. valoir *valant* *valu*	je　**vaux** tu　**vaux** il　vaut n.　valons v.　valez ils　valent	je　valais tu　valais il　valait n.　valions v.　valiez ils　valaient	je　valus tu　valus il　valut n.　valûmes v.　valûtes ils　valurent	je　**vaudrai** tu　**vaudras** il　**vaudra** n.　**vaudrons** v.　**vaudrez** ils　**vaudront**
60. s'asseoir *s'asseyant*[1] *assis*	je　m'assieds[1] tu　t'assieds il　**s'assied** n.　n. asseyons v.　v. asseyez ils　s'asseyent	je　m'asseyais[1] tu　t'asseyais il　s'asseyait n.　n. asseyions v.　v. asseyiez ils　s'asseyaient	je　m'assis tu　t'assis il　s'assit n.　n. assîmes v.　v. assîtes ils　s'assirent	je　m'**assiérai**[1] tu　t'**assiéras** il　s'**assiéra** n.　n. **assiérons** v.　v. **assiérez** ils　s'**assiéront**
s'assoyant[2]	je　m'assois[2] tu　t'assois il　s'assoit n.　n. assoyons v.　v. assoyez ils　s'assoient	je　m'assoyais[2] tu　t'assoyais il　s'assoyait n.　n. assoyions v.　v. assoyiez ils　s'assoyaient		je　m'**assoirai**[2] tu　t'**assoiras** il　s'**assoira** n.　n. **assoirons** v.　v. **assoirez** ils　s'**assoiront**
61. pleuvoir *pleuvant* *plu*	il　pleut	il　pleuvait	il　plut	il　**pleuvra**
62. falloir *fallu*	il　faut	il　fallait	il　fallut	il　**faudra**

条件法	接続法		命令法	同型
現在	現在	半過去		
je saurais tu saurais il saurait n. saurions v. sauriez ils sauraient	je **sache** tu **saches** il **sache** n. **sachions** v. **sachiez** ils **sachent**	je susse tu susses il sût n. sussions v. sussiez ils sussent	**sache** **sachons** **sachez**	
je verrais tu verrais il verrait n. verrions v. verriez ils verraient	je voie tu voies il voie n. voyions v. voyiez ils voient	je visse tu visses il vît n. vissions v. vissiez ils vissent	vois voyons voyez	**revoir**
je voudrais tu voudrais il voudrait n. voudrions v. voudriez ils voudraient	je **veuille** tu **veuilles** il **veuille** n. voulions v. vouliez ils **veuillent**	je voulusse tu voulusses il voulût n. voulussions v. voulussiez ils voulussent	**veuille** **veuillons** **veuillez**	
je vaudrais tu vaudrais il vaudrait n. vaudrions v. vaudriez ils vaudraient	je **vaille** tu **vailles** il **vaille** n. valions v. valiez ils **vaillent**	je valusse tu valusses il valût n. valussions v. valussiez ils valussent		注命令法はほとんど用いられない.
je m'assiérais[1] tu t'assiérais il s'assiérait n. n. assiérions v. v. assiériez ils s'assiéraient	je m'asseye[1] tu t'asseyes il s'asseye n. n. asseyions v. v. asseyiez ils s'asseyent	j' m'assisse tu t'assisses il s'assît n. n. assissions v. v. assissiez ils s'assissent	assieds-toi[1] asseyons-nous asseyez-vous	注時称により2種の活用があるが, (1)は古来の活用で, (2)は俗語調である. (1)の方が多く使われる.
je m'assoirais[2] tu t'assoirais il s'assoirait n. n. assoirions v. v. assoiriez ils s'assoiraient	je m'assoie[2] tu t'assoies il s'assoie n. n. assoyions v. v. assoyiez ils s'assoient		assois-toi[2] assoyons-nous assoyez-vous	
il pleuvrait	il pleuve	il plût		注命令法はない.
il faudrait	il **faille**	il fallût		注命令法・現在分詞はない.

NUMÉRAUX（数詞）

CARDINAUX（基数）	ORDINAUX（序数）	CARDINAUX	ORDINAUX
1 un, une	premier (première)	90 quatre-vingt-dix	quatre-vingt-dixième
2 deux	deuxième, second (e)	91 quatre-vingt-onze	quatre-vingt-onzième
3 trois	troisième	92 quatre-vingt-douze	quatre-vingt-douzième
4 quatre	quatrième	100 cent	centième
5 cinq	cinquième	101 cent un	cent (et) unième
6 six	sixième	102 cent deux	cent deuxième
7 sept	septième	110 cent dix	cent dixième
8 huit	huitième	120 cent vingt	cent vingtième
9 neuf	neuvième	130 cent trente	cent trentième
10 dix	dixième	140 cent quarante	cent quarantième
11 onze	onzième	150 cent cinquante	cent cinquantième
12 douze	douzième	160 cent soixante	cent soixantième
13 treize	treizième	170 cent soixante-dix	cent soixante-dixième
14 quatorze	quatorzième	180 cent quatre-vingts	cent quatre-vingtième
15 quinze	quinzième	190 cent quatre-vingt-dix	cent quatre-vingt-dixième
16 seize	seizième	200 deux cents	deux centième
17 dix-sept	dix-septième	201 deux cent un	deux cent unième
18 dix-huit	dix-huitième	202 deux cent deux	deux cent deuxième
19 dix-neuf	dix-neuvième	300 trois cents	trois centième
20 vingt	vingtième	301 trois cent un	trois cent unième
21 vingt et un	vingt et unième	302 trois cent deux	trois cent deuxième
22 vingt-deux	vingt-deuxième	400 quatre cents	quatre centième
23 vingt-trois	vingt-troisième	401 quatre cent un	quatre cent unième
30 trente	trentième	402 quatre cent deux	quatre cent deuxième
31 trente et un	trente et unième	500 cinq cents	cinq centième
32 trente-deux	trente-deuxième	501 cinq cent un	cinq cent unième
40 quarante	quarantième	502 cinq cent deux	cinq cent deuxième
41 quarante et un	quarante et unième	600 six cents	six centième
42 quarante-deux	quarante-deuxième	601 six cent un	six cent unième
50 cinquante	cinquantième	602 six cent deux	six cent deuxième
51 cinquante et un	cinquante et unième	700 sept cents	sept centième
52 cinquante-deux	cinquante-deuxième	701 sept cent un	sept cent unième
60 soixante	soixantième	702 sept cent deux	sept cent deuxième
61 soixante et un	soixante et unième	800 huit cents	huit centième
62 soixante-deux	soixante-deuxième	801 huit cent un	huit cent unième
70 soixante-dix	soixante-dixième	802 huit cent deux	huit cent deuxième
71 soixante et onze	soixante et onzième	900 neuf cents	neuf centième
72 soixante-douze	soixante-douzième	901 neuf cent un	neuf cent unième
80 quatre-vingts	quatre-vingtième	902 neuf cent deux	neuf cent deuxième
81 quatre-vingt-un	quatre-vingt-unième	1000 mille	millième
82 quatre-vingt-deux	quatre-vingt-deuxième		

1 000 000 | un million | millionième ‖ 1 000 000 000 | un milliard | milliardième

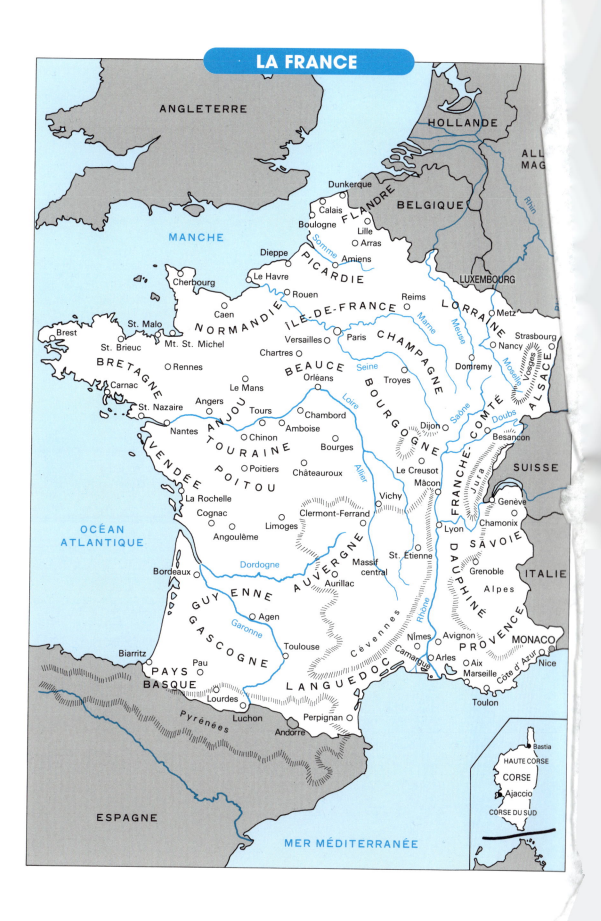